Tributação de *Smart Cards*

Tribulação de *Smart Cards*

O CONFLITO DE COMPETÊNCIA ENTRE O ESTADO DE SÃO PAULO E O MUNICÍPIO DE SÃO PAULO

2018

Felipe Guerra dos Santos

ALMEDINA

TRIBUTAÇÃO DE *SMART CARDS*
O CONFLITO DE COMPETÊNCIA ENTRE O ESTADO
DE SÃO PAULO E O MUNICÍPIO DE SÃO PAULO

AUTOR: Felipe Guerra dos Santos
DIAGRAMAÇÃO: Almedina
DESIGN DE CAPA: FBA
ISBN: 978-85-8493-406-5

Dados Internacionais de Catalogação na Publicação (CIP)
(Câmara Brasileira do Livro, SP, Brasil)

Santos, Felipe Guerra dos
Tributação de smart cards : o conflito de competência entre o estado de São Paulo e o município de São Paulo / Felipe Guerra dos Santos. -- São Paulo : Almedina, 2018.

Bibliografia.
ISBN 978-85-8493-406-5

1. Cartões bancários 2. Cartões inteligentes 3. Impostos 4. Incidência tributária 5. Obrigações fiscais 6. Tributação - São Paulo (Cidade) 7. Tributação - São Paulo (Estado) I. Título.

18-21651 CDU-34:336.221

Índices para catálogo sistemático:
1. Smart cards: Tributação: Direito tributário 34:336.221
Maria Paula C. Riyuzo - Bibliotecária - CRB-8/7639

Este livro segue as regras do novo Acordo Ortográfico da Língua Portuguesa (1990).

Novembro, 2018

EDITORA: Almedina Brasil
Rua José Maria Lisboa, 860, Conj.131 e 132, Jardim Paulista | 01423-001 São Paulo | Brasil
editora@almedina.com.br
www.almedina.com.br

Dedico este trabalho, por serem meus melhores amigos
e por confiarem em mim e na minha capacidade,
à minha amada esposa Elisana
e aos meus amados pais, Jermino e Walquíria.

Dedico este trabalho também ao meu amado filho Mateus,
que é um presente de Deus em minha vida.

AGRADECIMENTOS

Agradeço primeiramente a Deus, por ser presença constante em minha vida, por meio de seu amor infinito e imensa misericórdia, concedeu-me vida, saúde, capacidade intelectual e a feliz oportunidade de crer em seu Filho, nosso Senhor Jesus Cristo. Se hoje estou aqui é porque sempre confiei que me colocaria nos melhores caminhos, sabendo que o esforço da caminhada dependeria de mim.

À minha esposa Elisana, amiga, companheira, leal e fiel, pelas orações, pelo seu amor, carinho e conselhos sinceros, assim como pela compreensão e discernimento que soube entender minhas longas horas de ausência familiar para o cumprimento desta missão.

À minha mãe, Walquíria, por sua compreensão e amor incondicional. Sem os seus conselhos e apoio, certamente tudo não teria dado tão certo.

Ao meu pai, Jermino, pelos certeiros conselhos e que, nas situações incertas, sempre se fez presente de forma sábia, iluminando-me o caminho para que pudesse repensar e prosseguir na caminhada.

À minha amada irmã, Karine, pelo apoio nos mais difíceis momentos e carinhos dispensados durante toda minha vida.

Aos meus sogros, Daniel Dertinate e Maria de Lourdes, verdadeiros pais, que são presentes de Deus na minha vida, pelas orações diárias, pelo amor, carinho, por sempre me apoiarem nas minhas decisões e pelos almoços maravilhosos de domingos, que foram essenciais para nunca deixar que desistisse de meus objetivos.

À memória dos meus saudosos avós José, Olga, Terêncio e Venina, a quem tenho eterna gratidão.

Ao meu filho Mateus Dertinate Guerra, que, com sua chegada, proporcionou-me uma das maiores alegrias da minha vida e conseguiu, em tão pouco tempo, dar-me nova razão para viver, transformando-me noutro homem.

Aos meus professores do Insper, em especial ao meu orientador, professor Régis Fernando de Ribeiro Braga, e ao professor José Alberto Oliveira Macedo, pelos brilhantes ensinamentos e sugestões apontadas na elaboração do presente trabalho.

E, aos funcionários do Insper, sobretudo da Biblioteca Telles, que foram fundamentais para conclusão desse trabalho.

A todos vocês, muito obrigado!

PREFÁCIO

Não é segredo para ninguém que a legislação tributária brasileira, em virtude da avalanche desordenada de normas diárias, mormente no que tange ao ICMS, a cada dia está mais difícil para a maioria de seus destinatários compreender e cumprir, ainda que minimamente, com as obrigações que lhes são impostas.

Em relação à tributação de *smart cards*, mormente os cartões bancários, não é diferente, sobretudo quando se têm dois entes tributantes, com apetite voraz, gladiando-se pela receita dessa tributação.

Em meados de 2013, quando recebi no escritório dois Autos de Infração, e logo depois vieram mais oito, lavrados pela Secretaria da Fazenda do Estado de São Paulo (SEFAZ-SP), todos com prazos para apresentações de defesas administrativas, cujas autuações estavam embasadas na Resposta à Consulta nº 732/2010, da Consultoria Tributária da Secretaria da Fazenda do Estado de São Paulo (SEFAZ-SP), percebi que estava diante de um novo tema tributário, que demandaria um árduo trabalho, com muitas horas de estudos e pesquisas a serem despendidas, com desdobramentos não só administrativo, mas judicial também, o que me motivou completamente.

Mais tarde, ao ingressar no curso de LL. M. em Direito Tributário do INSPER – Instituto de Ensino e Pesquisa, visualizei a possibilidade de tornar público essa questão e dividir meus estudos e conclusões com todos aqueles interessados pelo tema. E foi com a enorme ajuda de professores excepcionais daquela renomada instituição educacional que pude tornar meu desejo realidade.

SUMÁRIO

Capítulo 1
Introdução

Para efeito de introdução, o presente estudo tem por objetivo auxiliar o intérprete a reconhecer, na tributação de cartões inteligentes (*smart cards*), mormente os cartões bancários, se o fato jurídico tributário, descrito na *norma geral e abstrata*, ocorrido no mundo fenomênico, se enquadrará na hipótese de incidência tributária do Imposto Sobre Operações Relativas à Circulação de Mercadorias e Sobre Prestações de Serviços de Transporte Interestadual e Intermunicipal e de Comunicação (ICMS) ou do Imposto Sobre Serviços de Qualquer Natureza (ISSQN), mormente considerando a linha tênue existente entre esses dois impostos.

Para tanto, serão examinados os entendimentos normativos do Estado de São Paulo e do Município de São Paulo, tais como a Resposta à Consulta nº 732/2010, da Consultoria Tributária da Secretaria da Fazenda do Estado de São Paulo (SEFAZ-SP), e a Solução de Consulta SF/DEJUG nº 1/2010, do Município de São Paulo, bem como decisões do Tribunal de Impostos e Taxas do Estado de São Paulo (TIT-SP) e do Conselho Municipal de Tributos do Município de São Paulo (CMT-SP), além de decisões judiciais emanadas do Poder Judiciário paulista.

Cumpre esclarecer, desde já, que o presente trabalho abordará tão somente as espécies de *smart cards* bancários.

Capítulo 2
Cartões Inteligentes (*Smart Cards*)

2.1. Conceito e Natureza dos *Smart Cards*

Das palavras de Conrado Leiras Matos[1], em artigo veiculado na internet, podemos extrair o conceito de *smart cards* e a motivação que foi determinante para sua criação. Vejamos:

> A necessidade de segurança e de uma confidencialidade crescente se faz mais presente no momento onde as formas eletrônicas de identificação substituem o reconhecimento físico e a assinatura grafológica. A emergência da Internet e a extensão das redes corporativas de clientes a fornecedores aceleraram a procura de soluções baseadas sobre a tecnologia de chave pública. Essa tecnologia permite os seguintes serviços:
>
> – comunicação através de um canal protegido numa rede pública;
>
> – autenticação de um cliente num servidor;
>
> – assinaturas eletrônicas para garantir a confidencialidade, a integridade e a não repudiação da informação.
>
> Como veremos, neste documento, as aplicações do Smart Card vêm de encontro a essa necessidade de segurança. Podemos defini-lo como um cartão de plástico com um chip de computador embutido. O chip pode ser tanto um microprocessador com memória interna Microprocessor Card ou um chip

[1] Matos, Conrado Leiras. **Smart Card.**
Disponível em: <https://www.gta.ufrj.br/grad/01_2/smartcard/smartcard.html> Acesso em: 24 ago. 2017.

de memória com lógica não programável Memory Card. A conexão do chip pode ser tanto via contato físico direto como remotamente via uma interface eletromagnética. Acredita-se que Smart Cards possa oferecer mais segurança e confidencialidade que outros tipos de informação ou armazenamento de informação. Veremos que o Smart Card é um dispositivo de segura intrínseca. Ele é um local seguro para armazenamento de informação como chaves privadas, números de contas, e informações pessoais como informações biométricas, ou então para executar processos off-line como encriptação e decriptação de chaves públicas e privadas.

Assim, conforme será demonstrado mais adiante, cada cartão produzido nos parques gráficos tem um propósito. Desse modo, os elementos que o compõem são adequados a essas necessidades. Alguns desses elementos são tarjas magnéticas, *chips*, informações em relevo e código de barra. Outros elementos como tarjas raspáveis, ou tinta reativa e selos holográficos, servem para conferir maior segurança aos cartões e reduzir a possibilidade de fraudes.

Dessa forma, em virtude da necessidade de segurança e de manter transações rápidas no comércio é que os cartões passaram a substituir, cada vez mais, o dinheiro em moeda. No entanto, com o aumento da utilização desses cartões, elevou-se, também, o número de fraudes por criminosos, de modo que a necessidade de se criar algo com mais segurança foi inevitável, razão pela qual, com o aperfeiçoamento da tecnologia, se chegou à era dos *chips* de segurança, passando, então, os cartões bancários, de débito e crédito, a serem conhecidos como *smart cards*, em virtude da inserção de um *chip*, que possui armazenamentos de dados muito maiores do que aqueles cartões com simples tarjas magnéticas.

2.2. Breve Histórico dos *Smart Cards*

Mais uma vez reproduzindo os dizeres de Conrado Leiras Matos[2]:

> A tecnologia tem suas raízes históricas nos anos 70 [*do século XX*] quando inventores na Alemanha, Japão e França definiram as patentes originais. Devido a diversos fatores, como a imaturidade da tecnologia de semicon-

[2] MATOS, Conrado Leiras. **Smart Card.**
Disponível em: <https://www.gta.ufrj.br/grad/01_2/smartcard/smartcard.html> Acesso em: 24 ago. 2017.

tudores, a maior parte de trabalho com smart cards era a nível de pesquisa e desenvolvimento até meados dos anos 80 [*do século XX*]. Posteriormente, a French National Visa Debit Card e a France Telecom deram a indústria maiores oportunidades. Desde então, a indústria começou a crescer a taxas crescentes, oferecendo mais de um bilhão de cartões por ano, desde 1998.

Assim, como visto, podemos perceber que não é de hoje que os *smart cards* estão no mercado e facilitando o nosso dia a dia, com transações rápidas e seguras.

No Brasil, existem empresas que atuam especificamente na confecção e impressão de *smart cards*. A personalização dos serviços contratados é tal que cada cartão bancário impresso nas instalações dessas empresas – a qual já tivemos a oportunidade de conhecer, inclusive o passo a passo da confecção e impressão desses cartões, conforme será melhor demonstrado adiante – possui um único e específico destino, qual seja, um determinado setor, a saber: instituições financeiras, as quais contratam essas empresas para que confeccionem, de forma personalizada, de acordo com os dados pessoais e intransferíveis de seus respectivos clientes, e forneçam, sob encomenda, inclusive recebendo diretamente em sua residência, o cartão magnético já especificamente gravado (i) com o seu nome, (ii) bem como com o seu código e o do seu banco em relação aos registros mundiais das empresas de crédito, (iii) com a validade do cartão, (iv) com a informação do tempo de fidelidade do portador do cartão à Bandeira e banco.

Além disso, tais cartões são normalmente gravados com 7 algarismos, que representam o cadastro daquele portador nos registros da bandeira (Visa, Mastercad, Amex, Elo etc.), seguidos do digito de verificação, que é muitas vezes pedido em compras virtuais ou cadastros para serviços, que exijam a inserção de cartões.

Além dessas gravações, há outras contidas no cartão, representadas, por exemplo, pelo holograma da bandeira, *design* do cartão que varia conforme a faixa de crédito disponibilizado a determinada clientela da instituição financeira (cartões *Platinum, Black, Infiniti, Van Gogh* etc.), pela tarja magnética, que contém, por baixo de sua parte visível, três linhas magnéticas, que são responsáveis pela codificação dos dados bancários do cliente consumidor final etc.

Ademais, cada cartão bancário enviado por essas empresas gráficas, que confeccionam e imprimem esses cartões aos correntistas das instituições financeiras contratantes dos serviços destas empresas gráficas, possui informações específicas quanto aos serviços disponíveis ou contratados por aquele determinado cliente (consumidor final) da instituição financeira, de acordo com determinada Bandeira (Visa, Mastercard, Elo etc.), tais como, por exemplo, seu limite de crédito; a possibilidade, ou não, do consumidor final (cliente da instituição financeira) parcelar a fatura do cartão; de acumular pontos ou programas de milhagens, que podem ser trocados por mercadorias ou viagens; o fato do cartão poder ser ou não utilizado no exterior etc.

Mas não é só. O cartão inteligente bancário, personalizado, contém um sem número de elementos e funcionalidades destinadas a um único cliente da instituição financeira. O cliente da instituição financeira (consumidor final) recebe ainda uma senha individualizada, que desbloqueia esse sem número de serviços e o crédito a que o cartão lhe dá direito.

2.3. Diferença entre os *Smart Cards* e os Cartões Magnéticos

Existe uma grande diferença entre os *smart cards* e os cartões magnéticos ou cartões ópticos.

Como fonte, vamos utilizar o artigo de Newton C. Braga[3], que descreve essa diferença:

> Existe uma grande diferença entre os Smart Cards e os cartões magnéticos ou os cartões ópticos que já são bastante comuns há um bom tempo. Nos cartões magnéticos as informações são gravadas numa banda magnética que tem uma capacidade limitada e não pode tomar qualquer tipo de decisão. Esta banda além de tudo é sensível, já que pode ser danificada tanto fisicamente, como pelo contato com campos magnéticos fortes. Já no Smart Card, existe um chip embutido cujas informações gravadas podem ser alteradas, e mais ainda, pode ser dotado de um programa que tome decisões em função das informações que entram ou que saem. Tudo depende do grau de complexidade do chip que está embutido.
>
> [...]
>
> Os inúmeros benefícios que a possibilidade de se embutir um chip num cartão fazem desta nova tecnologia a mais promissora dos próximos anos. Os

[3] BRAGA, Newton C. **Como funcionam os Smart Cards (ART545)** Disponível em: <http://www.newtoncbraga.com.br/index.php/comofunciona/4013art545?tmpl=component&print=1&page=> Acesso em: 24 ago. 2017.

chips embutidos nos cartões possuem muito mais recursos que tarjas magnéticas ou barras ópticas, e isso leva à possibilidade de muito mais usos para o Smart Card. Muito mais do que servir de cartão telefônico, o Smart Card pode ser usado para uma infinidade de aplicações onde valores e informações entrem em jogo. Cartões de bancos, cartões de acesso a áreas restritas, cartões de controle de entrada e saída de funcionários de uma empresa, cartões de controle de estoque, cartões de passagens de metrô e de ônibus, cartões de identificação e controle de frequência em escolas são alguns dos exemplos de aplicações em que os Smart Cards devem ser empregados nos próximos anos, e com frequência cada vez maior.

A ideia básica do Smart Card é embutir um chip 'inteligente' num cartão, o qual pode ser acessado por mecanismo de leitura e gravação. Na prática, existem três tecnologias que são mais usadas para se fazer isso com recursos diferentes. A mais simples é a do cartão descartável que contém informações pré-gravadas no processo de fabricação e, quando elas forem deletadas, o cartão perderá sua utilidade e deve ser descartado. É o caso dos cartões telefônicos, que saem 'carregados' com um certo número de chamadas e, quando elas se esgotam, devem ser descartados. O segundo tipo, um pouco mais complexo, é o que pode ser 'recarregado' durante o processo de uso. É o caso de cartões que poderiam ser usados também em sistemas de telecomunicações, transporte e banco. A qualquer momento o cartão deste tipo pode ser 'ligado' a uma máquina apropriada e ter seus valores ou informações recarregados ou modificados. No caso de um cartão de banco, por exemplo, ele conteria o valor do saldo da conta corrente e, a cada vez que fosse usado, não só poderia o valor da compra ser debitado, como também quando colocado novamente num 'caixa automático' ser recarregado com um certo valor limite. No caso de cartões de chamadas telefônicas ou transporte, a qualquer momento o usuário poderia comprar uma nova carga cujo tamanho ele poderia determinar. Finalmente, temos o nível mais elevado em que o circuito embutido no cartão seria muito mais do que uma simples memória, e sim um verdadeiro microprocessador com programas gravados capazes de aumentar a segurança das transações, ou mesmo tomar decisões diante o uso.

É bem verdade que os *smart cards* podem ser cartões bancários em geral, assim como cartões de telefonia celular.

Todavia, relembramos que o presente trabalho abordará tão somente os *smart cards* bancários.

2.4. Passo a Passo da Confecção e Impressão dos *Smart Cards* Bancários

O passo a passo da impressão personalizada dos *smart cards* será descrita a seguir com base no artigo *Todas as Fases de Produção dos Cartões Plásticos*, de autoria de Sandra Rosalen[4], bem como nos seguintes fluxogramas:

i) *layout* gráfico-confecção de amostra;
ii) liberação de amostras;
iii) abertura de cavidade e inserção de *chip*
iv) personalização de cartão;
v) envelopamento.

Como expõe a autora, os cartões, no geral, são produzidos a partir de bobinas de PVC[5] branco ou transparente, também chamado de cristal de PVC. Outros materiais também podem ser utilizados, porém são menos comuns.

O PVC é fornecido em bobinas ou folhas cortadas. Na primeira opção ele é cortado na gráfica no formato adequado para a impressão.

A impressão e personalização dos cartões podem ser divididas em várias etapas. Assim, por exemplo, há a etapa de pré-impressão do cartão, que é semelhante à de qualquer outro produto gráfico. No caso dos cartões bancários, os clientes das gráficas (bancos e instituições financeiras) desejam verificar as amostras de vários layouts dos cartões, que, após aprovados, são liberados para impressão em larga escala.

[4] ROSALEN, Sandra. **Todas as fases de produção dos cartões plásticos**. Disponível em: <http://revistatecnologiagrafica.com.br/index.php?option=com_content&view=article&id=273:todas-as-fases-de-producao-dos-cartoes-plasticos&catid=39:impressao&Itemid=180> Acesso em: 24 ago. 2017.
A autora é coordenadora Técnica da ABTG (Associação Brasileira de Tecnologia Gráfica), que é Técnica Gráfica com especialização em Impressão *Offset* e formada em Administração de Empresas e professora de pós-graduação na Faculdade SENAI de Tecnologia Gráfica.

[5] "O **PVC** [Policloreto de Vinila] é um produto de grande versatilidade e que está mais presente no nosso dia-a-dia do que podemos imaginar. Suas propriedades, características e relação custo/benefício combinados, revelam suas potencialidades de aplicação, tornando-o um produto de extrema importância para a indústria mas, sobretudo, para a humanidade.
O PVC não é um material como os outros. É o único material plástico que não é 100% originário do petróleo. O PVC contém, em peso, 57% de cloro (derivado do cloreto de sódio – sal de cozinha) e 43% de eteno (derivado do petróleo)." (Fonte: Instituto do PVC - *www.institutodopvc.org*). Disponível em: <http://www.alassia.com.br/o-que-e-pvc.html> Acesso em: 24 ago. 2017.

No caso de cartões de PVC, o criativo deve conhecer as questões técnicas de impressão *offset* e serigrafia, já que muitos cartões passam por um ou ambos processos de impressão. Em diversos modelos de cartão, a opção é pela impressão híbrida, que possibilita maior variedade de cores, coberturas e resultados.

Ao invés de folhas, a placa de PVC cortado é usualmente denominada de "placa". Essas "placas" comportam normalmente 18, 20, 24 e até 36 cartões, no formato padrão de 85 × 54 mm.

Assim, os cartões podem variar de formato, conforme a necessidade do cliente e a aplicação. Contudo, mister se faz relembrar que eles têm uma função bancária/financeira, já que constituem um instrumento de pagamento (artigo 6º, inciso V, da Lei nº 12.865/2013)[6] e, portanto, devem obedecer aos parâmetros das máquinas de leitura, terminais POS, terminais de bancos 24 horas, entre outros.

As placas de PVC são normalmente impressas em um único lado, mas há empresas que imprimem frente e verso, conforme a espessura prevista para o cartão e o processo nas especificações constantes dos contratos firmados com os clientes. As placas são impressas em *offset* com cura ultravioleta, serigrafia ou ambos. A secagem por UV é necessária porque a tinta comum sobre plástico não seca.

A serigrafia é utilizada normalmente quando não há mais de uma cor ou para a impressão de cores especiais. No caso de se imprimir apenas um lado do PVC branco, ao final do processo ter-se-á duas placas – uma da frente e a outra do verso –, que deverão ser unidas. Essas duas placas são colocadas juntas e ambos os lados são recobertos por uma camada de PVC Cristal. Essa camada transparente é responsável pelo brilho e acabamento do cartão.

As tarjas magnéticas nada mais são que fitas "soldadas por calor" ao cristal de PVC. Quando todas as camadas estão prontas e unidas, o chamado "sanduíche" é colocado em um equipamento que, através de calor, une todas as camadas.

[6] Art. 6º Para os efeitos das normas aplicáveis aos arranjos e às instituições de pagamento que passam a integrar o Sistema de Pagamentos Brasileiro (SPB), nos termos desta Lei, considera-se: [...] V – instrumento de pagamento – dispositivo ou conjunto de procedimentos acordado entre o usuário final e seu prestador de serviço de pagamento utilizado para iniciar uma transação de pagamento; e [...].

Finalizadas, as placas já estão preparadas para as outras etapas de acabamento. Para as etapas posteriores, os cartões devem ser individualizados. Podem ser utilizadas prensas hidráulicas (*balancins*) ou máquinas próprias para corte de cartões, como troqueladeiras.

No caso de cartões sem cantos arredondados, como *tags* ou etiquetas, o corte pode ser feito em guilhotinas comuns. As troqueladeiras fazem os cantos arredondados. Por isso são equipamentos especiais para esse produto e processo.

Na produção de cartões com *chip*, uma etapa é feita cartão a cartão. Um equipamento faz o corte na placa da frente, abrindo uma cavidade e o *chip* é colado nessa cavidade. Todo o processo é feito por um equipamento automatizado. Não há contato manual, pois os *chips* são sensíveis e devem ser testados pela própria máquina. A aplicação de holografia pode ser feita manualmente ou através de equipamentos, dependendo do volume de aplicações.

Por sua vez, as áreas para assinatura são feitas normalmente em serigrafia, com tintas especiais de segurança ou tintas comuns. Já os dados variáveis podem ser em alto relevo ou impressão digital, dependendo da aplicação. Hoje em dia são mais comuns cartões com dados variáveis apenas impressos, sem relevo, que são adequados para alguns equipamentos de cartão de crédito mais antigos. A impressão digital acontece em máquinas de pequeno porte ou em sistemas maiores que podem chegar a milhares de cartões impressos por hora.

A impressão em alto relevo, como por exemplo, a que se refere ao nome do futuro titular do cartão, da data de validade do mesmo etc., é feita em máquinas de impacto que têm funcionamento parecido a uma máquina de escrever, em que letras e números são pressionados por impacto contra o cartão, produzindo o relevo.

A impressão de dados variáveis consiste em uma etapa muito complexa da operação, exigindo organização e segurança. Organização, uma vez que os dados gravados na tarja, no *chip* e o nome devem obviamente ser da mesma pessoa. Em alguns casos essas etapas são feitas em equipamentos independentes. Portanto, é fundamental que todo o processo seja monitorado e conferido diversas vezes. Segurança, porque um cartão de crédito ou débito finalizado significa um instrumento de pagamento.

Assim, as empresas que fabricam esse produto, têm que possuir forte segurança para evitar qualquer falha e devem obedecer a regras muito específicas emitidas tanto pelas instituições financeiras quanto pelas bandeiras (Visa, Mastercard, Elo, Amex, por exemplo) dos cartões bancários no que se refere ao sigilo dos dados bancários recebidos e impressos nos cartões (por exemplo, limite de crédito de cada futuro portador, identificação da conta bancaria, etc.).

Após essa etapa, os cartões estão prontos para uso e podem passar por uma etapa de manuseio, quando são fixados em impressos transacionais ou malas diretas com informações sobre o cartão, material promocional, entre outros. Esta etapa é denominada de Envelopamento.

Após esta explanação, o que deve restar claro é o fato de que, tanto para a confecção de cartão com tarja magnética, como para a confecção de cartão com tarja magnética e *chip*, é realizado o mesmo processo de produção no parque gráfico dessas empresas, sendo certo que as máquinas utilizadas são praticamente as mesmas, em especial aquelas relativas às etapas de impressão, personalização e envelopamento dos cartões bancários. A única diferença é que, na fabricação de cartão com *chip*, existe uma etapa a mais, qual seja, a alteração do módulo da máquina, que é programada para inserção do *chip* e para posterior gravação de elementos personalizados dos dados bancários do usuário.

Há que ser notado que a finalidade dos cartões bancários com tarja magnética e dos que contém a tarja magnética e também um *chip*, é rigorosamente a mesma: servir de instrumento de pagamento. O diferencial no cartão que contêm tarja magnética e *chip* daquele que contém somente uma tarja magnética reside apenas no grau de "segurança", e na prevenção de ocorrência de fraudes. O grau de segurança será tanto maior, quanto maior forem os diferenciais do cartão bancário.

A vantagem no caso de cartão com *chip* é a impossibilidade da clonagem do cartão, o que não se pode garantir no caso do cartão que contém apenas a tarja magnética. Mas não é só. O holograma da bandeira, marcas de impressão específicas e invisíveis a olho nu são incluídas no processo de impressão, a fim de adicionar maior grau de segurança aos clientes das instituições financeiras, portadoras dos cartões.

Ou seja, tudo isso é uma impressão gráfica, vale dizer, em ambas espécies de cartões, com e sem *chip*, devem ser seguidas as normas gráficas da ABTG e ISO, sendo certo que o cartão bancário com e sem *chip* possuem idêntica finalidade, qual seja: servir de instrumento de pagamento, com a diferença de que, no caso de cartão com *chip*, se verifica um aumento de sua funcionabilidade em relação ao cartão que contém apenas a tarja magnética, já que o cartão bancário com *chip* armazenará mais informações e trará maior segurança ao usuário, evitando-se risco de clonagem, pois, enquanto nos cartões que contém apenas a tarja magnética sua capacidade para armazenar informações é de apenas 256 *bytes*, nos cartões com *chip*, por sua vez, a capacidade para armazenar informações chega a 2000 *bytes*, isto é, infinitamente superior aos cartões que contém apenas a tarja magnética.

Assim, fica muito difícil afastar que a conclusão de que atividade desenvolvida por essas empresas gráficas são exclusivamente prestação de serviços sob encomenda de impressões gráficas de cartões personalizados, consoante será demonstrado pormenorizadamente adiante.

Capítulo 3
Competência Tributária

3.1. Conceito e Características

Não existe uma definição normativa de competência tributária, quer na Constituição Federal, quer na legislação infraconstitucional. Contudo, o Código Tributário Nacional (CTN, Lei nº 5.172, de 25 de outubro de 1966) reservou dois Capítulos para disciplinar acerca da competência tributária (Capítulos I e II, do Título II), estabelecendo, no artigo 6º, o seguinte:

> Art. 6º A atribuição constitucional de competência tributária compreende a competência legislativa plena, ressalvadas as limitações contidas na Constituição Federal, nas Constituições dos Estados e nas Leis Orgânicas do Distrito Federal e dos Municípios, e observado o disposto nesta Lei.
>
> Parágrafo único. Os tributos cuja receita seja distribuída, no todo ou em parte, a outras pessoas jurídicas de direito público pertencerá à competência legislativa daquela a que tenham sido atribuídos.

Como exemplo, podemos trazer a definição empregada por Roque Antônio Carrazza[7], que entende que competência tributária:

> [...] é a aptidão para criar, *in abstracto*, tributos. No Brasil, por injunção do princípio da legalidade, os tributos são criados, *in abstracto*, por meio de lei (art. 150, I, da CF), que deve descrever todos os *elementos essenciais* da norma jurídica tributária. Consideram-se elementos essenciais da norma jurídica

[7] Carrazza, Roque Antônio. **Curso de Direito Constitucional Tributário.** 31ª ed., São Paulo: Malheiros, 2017, p. 597.

tributária os que, de algum modo, influem no *an* e no *quantum* do tributo; a saber: a *hipótese de incidência* do tributo, seu *sujeito ativo*, seu *sujeito passivo*, sua *base de cálculo*, e sua *alíquota*. Estes elementos essenciais só podem ser veiculados por meio de lei. (Destaques do original)

Nas palavras de José Eduardo Soares de Melo[8]:

> A competência tributária é a aptidão para criar os tributos, legalmente e de forma abstrata, indicando todos os elementos da hipótese de incidência, compreendendo o aspecto pessoal (sujeitos ativos e passivos), a materialidade, base de cálculo e alíquota.

Assim, dos conceitos trazidos à colação, bem como do enunciado constante do artigo 6º do CTN, é possível dizer que competência tributária é o poder de criar normas sobre instituição, fiscalização, arrecadação e cobrança de tributos, indicando todos os elementos da hipótese de incidência tributária, sendo esse direito concedido pela Constituição à União Federal, aos Estados-membros, ao Distrito Federal e aos Municípios (pessoas políticas de Direito Público interno).

Assim, as pessoas políticas são dotadas de competência privativa para criar os tributos que lhes foram reservados pela Constituição, o que, em contrapartida, implica na exclusividade e consequente proibição de ser exercido por quem não tenha sido consagrado com esse direito. Aliás, tal questão é matéria de ordem pública, eivando-se de nulidade a instituição de um determinado tributo por parte de quem não seja dotado de competência.

É o caso, por exemplo, do Imposto sobre Produtos Industrializados (IPI), de competência exclusiva da União Federal (artigo 153, IV, da CF/88), que não pode ser exigido pelos Estados-membros, ou pelo Distrito Federal (artigo 155, da CF/88), uma vez que o rol de direitos impositivos que lhes foram atribuídos não contempla essa modalidade de imposto.

3.2. Competência Tributária da União Federal

A Constituição estabelece competência à União (artigo 153) para instituir impostos sobre: (i) importação de produtos estrangeiros (I.I.); (ii) exportação para o exterior (I.E.); (iii) produtos industrializados (IPI); (iv) renda

[8] MELO, José Eduardo Soares de. **Curso de Direito Tributário.** 10ª ed., São Paulo: Dialética, 2012, p. 148.

e proventos de qualquer natureza (IR); (v) operações de crédito, câmbio, seguro e relativas a títulos ou valores mobiliários (IOF); (vi) propriedade territorial rural (ITR); e (vii) grandes fortunas (IGF).

Além disso, o texto constitucional atribui, também, competência residual à União (artigo 154) para instituir, mediante lei complementar, (i) impostos não previstos no artigo 153, desde que sejam não cumulativos e não tenham fato gerador ou base de cálculo próprios dos discriminados na Constituição e (ii) impostos extraordinários, na iminência ou no caso de guerra externa, compreendidos ou não em sua competência tributária, os quais serão suprimidos, gradativamente, cessadas as causas de sua criação.

Cabe, ainda, à União a instituição de (i) taxas, relativamente às matérias previstas nos artigos 21 e 22 da CF/88; de (ii) contribuição de melhoria (artigo 145, III); de (iii) empréstimos compulsórios (artigo 148); de (iv) contribuições sociais; de (v) contribuições de intervenção no domínio econômico e de (vi) interesse das categorias profissionais ou econômicas (artigo 149); e, ainda, de (vii) contribuições sociais destinadas à seguridade social (artigos 195 e 239).

3.3. Competência Tributária dos Estados-membros

A Constituição atribui competência aos Estados (artigo 155) para instituir impostos sobre (i) transmissão *causa mortis* e doação de quaisquer bens ou direitos (ITCMD); (ii) operações relativas à circulação de mercadorias e sobre prestações de serviços de transporte interestadual e intermunicipal e de comunicação, ainda que as operações se iniciem no exterior (ICMS); e (iii) propriedade de veículos automotores (IPVA).

Atribui-lhes, também, competência para instituir (i) taxas relativas às matérias previstas nos artigos 23[9] e 25, parágrafo 2º[10], da CF/88, (ii) contri-

[9] Art. 23. É competência comum da União, dos Estados, do Distrito Federal e dos Municípios:
I – zelar pela guarda da Constituição, das leis e das instituições democráticas e conservar o patrimônio público;
II – cuidar da saúde e assistência pública, da proteção e garantia das pessoas portadoras de deficiência;
III – proteger os documentos, as obras e outros bens de valor histórico, artístico e cultural, os monumentos, as paisagens naturais notáveis e os sítios arqueológicos;
IV – impedir a evasão, a destruição e a descaracterização de obras de arte e de outros bens de valor histórico, artístico ou cultural;
V – proporcionar os meios de acesso à cultura, à educação, à ciência, à tecnologia, à pesquisa e à inovação;

buição de melhoria (artigo 145, III, CF/88) e (iii) contribuição social cobradas de seus servidores para o custeio, em benefício destes, de sistemas de previdência e assistência social (artigo 149, parágrafo único, da CF/88).

Podem os Estados, ainda, instituir contribuição cobrada de seus servidores, para o custeio, em benefício destes, do regime previdenciário de que trata o artigo 40[11] da CF/88, cuja alíquota não deve ser inferior à da contribuição dos servidores titulares de cargos efetivos da União (artigo 149, §1º, acrescentado pela Emenda Constitucional - EC - nº 41, de 19 de dezembro de 2003).

3.4. Competência Tributária dos Municípios

A Constituição outorga aos Municípios (artigo 156) competência para instituir impostos sobre (i) propriedade predial e territorial urbana (IPTU); (ii) serviços de qualquer natureza (ISSQN); e (iii) transmissão *inter vivos*, a qualquer título, por ato oneroso, de bens imóveis, por natureza ou acessão física, e de direitos reais sobre imóveis, exceto os de garantia, bem como cessão de direitos a sua aquisição (ITBI-IV).

VI - proteger o meio ambiente e combater a poluição em qualquer de suas formas;
VII - preservar as florestas, a fauna e a flora;
VIII - fomentar a produção agropecuária e organizar o abastecimento alimentar;
IX - promover programas de construção de moradias e a melhoria das condições habitacionais e de saneamento básico;
X - combater as causas da pobreza e os fatores de marginalização, promovendo a integração social dos setores desfavorecidos;
XI - registrar, acompanhar e fiscalizar as concessões de direitos de pesquisa e exploração de recursos hídricos e minerais em seus territórios;
XII - estabelecer e implantar política de educação para a segurança do trânsito.
Parágrafo único. Leis complementares fixarão normas para a cooperação entre a União e os Estados, o Distrito Federal e os Municípios, tendo em vista o equilíbrio do desenvolvimento e do bem-estar em âmbito nacional.

10 Art. 25. Os Estados organizam-se e regem-se pelas Constituições e leis que adotarem, observados os princípios desta Constituição.
[...]
§ 2º Cabe aos Estados explorar diretamente, ou mediante concessão, os serviços locais de gás canalizado, na forma da lei, vedada a edição de medida provisória para a sua regulamentação.

11 Art. 40. Aos servidores titulares de cargos efetivos da União, dos Estados, do Distrito Federal e dos Municípios, incluídas suas autarquias e fundações, é assegurado regime de previdência de caráter contributivo e solidário, mediante contribuição do respectivo ente público, dos servidores ativos e inativos e dos pensionistas, observados critérios que preservem o equilíbrio financeiro e atuarial e o disposto neste artigo.

Podem, também, instituir (i) taxas referentes às matérias previstas no artigo 23 da CF/88, (ii) contribuição de melhoria (artigo 145, III, da CF/88) e (iii) contribuição social, cobrada de seus servidores, para o custeio, em benefício destes, do regime previdenciário, de que trata o artigo 40 da Constituição, cuja alíquota não deve ser inferior à da contribuição dos servidores titulares de cargos efetivos da União (artigo 149, §1º, da CF/88).

Ademais, a CF/88 lhes permite instituir e cobrar contribuição para o custeio do serviço de iluminação pública (artigo 149-A, acrescentado pela EC nº 39, de 19 de dezembro de 2002).

3.5. Competência Tributária do Distrito Federal e dos (inexistentes) Territórios

A Constituição outorga ao Distrito Federal as mesmas competências legislativas reservadas aos Estados e Municípios (artigo 32, § 1º), tais como especificadas anteriormente, nos tópicos 3.3 e 3.4[12].

Embora não existem atualmente no Brasil, cumpre ressaltar que os Territórios, por sua vez, não integram a Federação e, portanto, não são pessoas dotadas de autonomia política, participando da administração centralizada da União Federal, de modo que, por não possuírem competência tributária própria, não podem instituir e cobrar tributos, importando ressaltar que suas contas serão submetidas ao Congresso Nacional, com parecer prévio do Tribunal de Contas da União (artigo 33 e parágrafos, da CF/88).

3.6. Limitações da Competência Tributária

Tendo outorgado competência às pessoas políticas de Direito Público interno (União Federal, Estados-membros, Distrito Federal e Municípios) para criar, majorar ou reduzir tributos, quis o constituinte limitar a aptidão de tributar (Limitações do Poder de Tributar) dessas pessoas políticas, tal como preveem os artigos 150 a 152 da CF/88[13], inclusive para prestigiar o

[12] Além disso, o Distrito Federal poderá instituir e exigir contribuição, cobrada de seus servidores, para o custeio, em benefício destes, do regime previdenciário, de que trata o artigo 40, cuja alíquota não deve ser inferior à da contribuição dos servidores titulares de cargos efetivos da União (artigo 149, § 1º, CF/88).
Poderá, outrossim, instituir e cobrar contribuição para o custeio do serviço de iluminação pública (artigo 149-A, CF/88 – acrescentado pela Emenda Constitucional nº 39/02).

[13] Art. 150. Sem prejuízo de outras garantias asseguradas ao contribuinte, é vedado à União, aos Estados, ao Distrito Federal e aos Municípios:

I – exigir ou aumentar tributo sem lei que o estabeleça;
II – instituir tratamento desigual entre contribuintes que se encontrem em situação equivalente, proibida qualquer distinção em razão de ocupação profissional ou função por eles exercida, independentemente da denominação jurídica dos rendimentos, títulos ou direitos;
III – cobrar tributos:
a) em relação a fatos geradores ocorridos antes do início da vigência da lei que os houver instituído ou aumentado;
b) no mesmo exercício financeiro em que haja sido publicada a lei que os instituiu ou aumentou;
c) antes de decorridos noventa dias da data em que haja sido publicada a lei que os instituiu ou aumentou, observado o disposto na alínea b;
IV – utilizar tributo com efeito de confisco;
V – estabelecer limitações ao tráfego de pessoas ou bens, por meio de tributos interestaduais ou intermunicipais, ressalvada a cobrança de pedágio pela utilização de vias conservadas pelo Poder Público;
VI – instituir impostos sobre:
a) patrimônio, renda ou serviços, uns dos outros;
b) templos de qualquer culto;
c) patrimônio, renda ou serviços dos partidos políticos, inclusive suas fundações, das entidades sindicais dos trabalhadores, das instituições de educação e de assistência social, sem fins lucrativos, atendidos os requisitos da lei;
d) livros, jornais, periódicos e o papel destinado a sua impressão.
e) fonogramas e videofonogramas musicais produzidos no Brasil contendo obras musicais ou literomusicais de autores brasileiros e/ou obras em geral interpretadas por artistas brasileiros bem como os suportes materiais ou arquivos digitais que os contenham, salvo na etapa de replicação industrial de mídias ópticas de leitura a laser.
§ 1º A vedação do inciso III, *b*, não se aplica aos tributos previstos nos arts. 148, I, 153, I, II, IV e V; e 154, II; e a vedação do inciso III, *c*, não se aplica aos tributos previstos nos arts. 148, I, 153, I, II, III e V; e 154, II, nem à fixação da base de cálculo dos impostos previstos nos arts. 155, III, e 156, I.
§ 2º A vedação do inciso VI, "a", é extensiva às autarquias e às fundações instituídas e mantidas pelo Poder Público, no que se refere ao patrimônio, à renda e aos serviços, vinculados a suas finalidades essenciais ou às delas decorrentes.
§ 3º As vedações do inciso VI, "a", e do parágrafo anterior não se aplicam ao patrimônio, à renda e aos serviços, relacionados com exploração de atividades econômicas regidas pelas normas aplicáveis a empreendimentos privados, ou em que haja contraprestação ou pagamento de preços ou tarifas pelo usuário, nem exonera o promitente comprador da obrigação de pagar imposto relativamente ao bem imóvel.
§ 4º As vedações expressas no inciso VI, alíneas "b" e "c", compreendem somente o patrimônio, a renda e os serviços, relacionados com as finalidades essenciais das entidades nelas mencionadas.
§ 5º A lei determinará medidas para que os consumidores sejam esclarecidos acerca dos impostos que incidam sobre mercadorias e serviços.
§ 6º Qualquer subsídio ou isenção, redução de base de cálculo, concessão de crédito presumido, anistia ou remissão, relativos a impostos, taxas ou contribuições, só poderá ser concedido mediante lei específica, federal, estadual ou municipal, que regule exclusivamente

disposto nos artigos 9º a 11, do CTN[14], o qual foi recepcionado pela CF/88 como Lei Complementar.

as matérias acima enumeradas ou o correspondente tributo ou contribuição, sem prejuízo do disposto no art. 155, § 2º, XII, g.
§ 7º A lei poderá atribuir a sujeito passivo de obrigação tributária a condição de responsável pelo pagamento de imposto ou contribuição, cujo fato gerador deva ocorrer posteriormente, assegurada a imediata e preferencial restituição da quantia paga, caso não se realize o fato gerador presumido.
Art. 151. É vedado à União:
I – instituir tributo que não seja uniforme em todo o território nacional ou que implique distinção ou preferência em relação a Estado, ao Distrito Federal ou a Município, em detrimento de outro, admitida a concessão de incentivos fiscais destinados a promover o equilíbrio do desenvolvimento sócio-econômico entre as diferentes regiões do País;
II – tributar a renda das obrigações da dívida pública dos Estados, do Distrito Federal e dos Municípios, bem como a remuneração e os proventos dos respectivos agentes públicos, em níveis superiores aos que fixar para suas obrigações e para seus agentes;
III – instituir isenções de tributos da competência dos Estados, do Distrito Federal ou dos Municípios.
Art. 152. É vedado aos Estados, ao Distrito Federal e aos Municípios estabelecer diferença tributária entre bens e serviços, de qualquer natureza, em razão de sua procedência ou destino.

[14] Art. 9º É vedado à União, aos Estados, ao Distrito Federal e aos Municípios:
I – instituir ou majorar tributos sem que a lei o estabeleça, ressalvado, quanto à majoração, o disposto nos artigos 21, 26 e 65;
II – cobrar imposto sobre o patrimônio e a renda com base em lei posterior à data inicial do exercício financeiro a que corresponda;
III – estabelecer limitações ao tráfego, no território nacional, de pessoas ou mercadorias, por meio de tributos interestaduais ou intermunicipais;
IV – cobrar imposto sobre:
a) o patrimônio, a renda ou os serviços uns dos outros;
b) templos de qualquer culto;
c) o patrimônio, a renda ou serviços dos partidos políticos, inclusive suas fundações, das entidades sindicais dos trabalhadores, das instituições de educação e de assistência social, sem fins lucrativos, observados os requisitos fixados na Seção II deste Capítulo;
d) papel destinado exclusivamente à impressão de jornais, periódicos e livros.
§ 1º O disposto no inciso IV não exclui a atribuição, por lei, às entidades nele referidas, da condição de responsáveis pelos tributos que lhes caiba reter na fonte, e não as dispensa da prática de atos, previstos em lei, assecuratórios do cumprimento de obrigações tributárias por terceiros.
§ 2º O disposto na alínea a do inciso IV aplica-se, exclusivamente, aos serviços próprios das pessoas jurídicas de direito público a que se refere este artigo, e inerentes aos seus objetivos.
Art. 10. É vedado à União instituir tributo que não seja uniforme em todo o território nacional, ou que importe distinção ou preferência em favor de determinado Estado ou Município.
Art. 11. É vedado aos Estados, ao Distrito Federal e aos Municípios estabelecer diferença tributária entre bens de qualquer natureza, em razão da sua procedência ou do seu destino.

Existem outras limitações contidas em outras normas que também reduzem o campo de tributação dos entes políticos, tais como as limitações contidas nas Constituições dos Estados, bem como as limitações contidas nas respectivas Leis Orgânicas, em se tratando do Distrito Federal ou dos Municípios.

Conforme anota Luciano Amaro[15]:

> A face mais visível das limitações do poder de tributar desdobra-se nos *princípios constitucionais tributários* e nas *imunidades tributárias* (técnica por meio da qual, na definição do campo sobre que a Constituição autoriza a criação de tributos, se excepcionam determinadas situações, que ficam, portanto, *fora* do referido campo de competência tributária). Essa matéria é objeto de seção específica da Constituição (arts. 150 a 152), justamente com o título 'Das Limitações do Poder de Tributar', no capítulo relativo ao Sistema Tributário Nacional. (Destaques do original)

No mesmo sentido, Regina Helena Costa[16] assevera que:

> A expressão limitações constitucionais ao poder de tributar é abrangente do conjunto de princípios e demais normas disciplinadoras da definição e do exercício da competência tributária.
>
> As limitações à competência tributária são traduzidas, essencialmente, na *repartição de competências tributárias*, bem como na indicação de *princípios e imunidades*.
>
> A *repartição de competências tributárias* entre as pessoas políticas, já examinada, constitui autêntica limitação, porquanto a Lei Maior, ao definir aptidão para instituir tributos cabente a cada ente federativo, em caráter privativo, exclui as demais pessoas políticas da mesma aptidão. Assim é que, quando atribui à União a competência para instituir imposto sobre a renda e proventos de qualquer natureza, está, implicitamente, afastando as demais pessoas políticas da possibilidade de fazê-lo.
>
> Também os *princípios constitucionais*, componentes do chamado *Estatuto do Contribuinte*[17], tais como os da legalidade, anterioridade, irretroatividade, igualdade, capacidade contributiva e vedação ao confisco, revelam-se limi-

[15] AMARO, Luciano. **Direito Tributário Brasileiro.** 20ª ed., São Paulo: Saraiva, 2014, p. 128.

[16] COSTA, Regina Helena. **Curso de Direito Tributário. Constituição e Código Tributário Nacional.** 3ª ed., São Paulo: Saraiva, 2013, pp. 71-72.

[17] Essa expressão é utilizada para designar o conjunto de direitos e deveres do contribuinte.

tações ao poder de tributar, na medida em que apontam como deve ser exercida a competência tributária.

Ainda, as *imunidades* representam *vedações* à competência tributária, veiculando situações de intributabilidade.

Essas limitações entrelaçam-se. A repartição de competências estabelece o conjunto de atribuições deferido a cada pessoa política. As imunidades e os princípios constitucionais tributários, por sua vez, aproximam-se porquanto compõem o âmbito de exercício da competência tributária atribuída a cada pessoa política, fixada constitucionalmente. Estes, porque orientam o válido exercício da competência tributária; aquelas, porque demarcam a amplitude das normas atributivas de competência. (Destaques do original)

Não temos aqui a pretensão de esgotar a matéria concernente às limitações ao poder de tributar. No entanto, necessário se faz fornecer, ainda que genericamente, uma ideia dos princípios previstos na Constituição e no CTN, os quais são limitadores da competência tributária.

Nesse passo, o artigo 150 da CF/88, cuja matéria foi reproduzida no artigo 9º do Código Tributário Nacional, estabelece os seguintes princípios tributários:

a) em seu inciso I, o princípio da legalidade. Segundo Hugo de Brito Machado[18], tem-se, por este princípio, "a garantia de que nenhum tributo será instituído, nem aumentado, a não ser através de *lei* (CF/88, artigo 150, inc. I)";
b) em seu inciso II, o princípio da igualdade ou isonomia tributária. Conforme aduz José Eduardo Soares de Melo[19], "significa um dos fundamentos da tributação, estabelecendo a Constituição ser proibido aos Poderes Públicos 'instituir tratamento desigual entre contribuintes que se encontrem em situação equivalente [...]";
c) em seu inciso III, alínea "a", o princípio da irretroatividade. Consoante afirma José Eduardo Soares de Melo[20], "A Constituição Federal categoricamente veda a emissão de lei retroativa que possa despres-

[18] MACHADO, Hugo de Brito. **Curso de Direito Tributário.** 38ª ed., revista, atualizada e ampliada. São Paulo: Malheiros Editores, 2017, p. 32.
[19] MELO, José Eduardo Soares de. **Curso de Direito Tributário.** 10ª ed., São Paulo: Dialética, 2012, p. 28.
[20] MELO, José Eduardo Soares de. **Curso de Direito Tributário.** 10ª ed., São Paulo: Dialética, 2012, p. 28.

tigiar direitos e interesses dos cidadãos, ao reiterar a referida norma (artigo 5º, XXXVI), que consagra as garantias dos contribuintes, ao proibir a cobrança de tributos 'em relação a fatos geradores ocorridos antes do início da vigência da lei que os houver instituído ou aumentado' [...]";

d) em seu inciso III, alínea "b", o princípio da anterioridade. Veda a cobrança de tributos no mesmo exercício financeiro em que haja sido publicada a lei que os instituiu ou aumentou[21];

e) em seu inciso IV, o princípio da vedação de confisco. Proíbe aos entes políticos utilizar tributo com efeito de confisco. Conforme assevera José Eduardo Soares de Melo[22], o princípio do não-confisco dar-se-á "sempre que o tributo absorva parcela expressiva da renda, ou da propriedade dos contribuintes, sendo constatado, principalmente, pelo exame da alíquota, da base de cálculo, e mesmo da singularidade dos negócios e atividades realizadas."

f) em seu inciso V, o princípio da liberdade de tráfego. Veda aos entes políticos de estabelecerem limites ao tráfego de pessoas ou mercadorias, por meio de tributos interestaduais ou intermunicipais, ressalvada a cobrança de pedágio pela utilização de vias conservadas pelo Poder Público, que, aliás, não se trata de tributo, mas, sim, de tarifa;

g) em seu inciso VI, o princípio da imunidade. Proíbe as pessoas Políticas de Direito Público interno instituir impostos sobre (i) patrimônio, renda ou serviços uns dos outros; (ii) templos de qualquer culto: (iii) patrimônio, renda ou serviços dos partidos políticos, inclusive suas fundações, das entidades sindicais dos trabalhadores, das instituições de educação e de assistência social, sem fins lucrativos, atendidos os requisitos da lei; e (iv) livros, jornais, periódicos e o papel destinado a sua impressão.

[21] Nos termos do parágrafo primeiro do artigo 150, não estão sujeitos ao princípio da anterioridade da lei, podendo ser cobrados, portanto, no mesmo exercício financeiro em que for publicada a lei que os instituiu ou aumentou, o imposto de importação, o imposto de exportação, o imposto sobre produtos industrializados, o imposto sobre operações financeiras, o imposto extraordinário e empréstimo compulsório.

[22] MELO, José Eduardo Soares de. **Curso de Direito Tributário.** 10ª ed., São Paulo: Dialética, 2012, p. 34.

Já nos termos do artigo 151 da Constituição, à União Federal também é vedado:

> I – instituir tributo que não seja uniforme em todo o território nacional ou que implique distinção ou preferência em relação a Estado, ao Distrito Federal ou a Município, em detrimento de outro, admitida a concessão de incentivos fiscais destinados a promover o equilíbrio do desenvolvimento sócio-econômico entre as diferentes regiões do País;
> II – tributar a renda das obrigações da dívida pública dos Estados, do Distrito Federal e dos Municípios, bem como a remuneração e os proventos dos respectivos agentes públicos, em níveis superiores aos que fixar para suas obrigações e para seus agentes;
> III – instituir isenções de tributos da competência dos Estados, do Distrito Federal ou dos Municípios.

E aos Estados, ao Distrito Federal e aos Municípios, é vedado "estabelecer diferença tributária entre bens e serviços, de qualquer natureza, em razão de sua procedência ou destino", nos termos do artigo 152 da CF/88.

Ademais, cabe aos entes políticos observarem, também, o princípio da capacidade contributiva, previsto no artigo 145, parágrafo 1º, da Constituição, consoante afirma José Eduardo Soares de Melo[23]:

> Este princípio, que se vincula com o princípio da vedação de confisco, significa um dos fundamentos basilares da tributação, como autêntico corolário do princípio da isonomia, verdadeiro sinônimo da justiça fiscal. Constitui o elemento básico de onde defluem as garantias materiais diretas, de âmbito constitucional, como a generalidade, igualdade e proporcionalidade.

Além disso, existem outros princípios limitadores, específicos para determinados impostos, como são os casos dos princípios da progressividade, seletividade, não-cumulatividade, dentre outros, inclusive princípios norteadores do Direito Administrativo que devem ser igualmente observados pelas pessoas políticas de Direito Público interno, mas, por não serem objetos do presente estudo, não serão estudadas no presente trabalho.

[23] MELO, José Eduardo Soares de. **Curso de Direito Tributário.** 10ª ed., São Paulo: Dialética, 2012, p. 30.

Por fim, importa ressaltar que as imunidades também são um limitador ao poder de tributar dos entes públicos.

Nesse sentido, aliás, são os dizeres de Paulo de Barros Carvalho[24]:

> Se nos dispusermos a conjugar os elementos que mais agudamente despertam a atenção dos estudiosos, procurando o denominador comum dos pensamentos dominantes, teremos a imunidade como um obstáculo posto pelo legislador constituinte, limitador da competência outorgada às pessoas políticas de direito constitucional interno, excludente do respectivo poder tributário, na medida em que impede a incidência da norma impositiva, aplicável aos tributos não vinculados (impostos), e que não comportaria fracionamentos, vale dizer, assume foros absolutos, protegendo de maneira cabal as pessoas, fatos e situações que o dispositivo mencione.

Ademais, a CF/88 prevê, também, imunidade recíproca entre as pessoas políticas de Direito Público (artigo 150, VI, "a"), ao dispor sobre a proibição à União, aos Estados, ao Distrito Federal e aos Municípios de instituir impostos sobre o patrimônio, renda ou serviços, uns dos outros, abrangendo as atividades dos próprios entes políticos.

Desse modo, como aduz José Eduardo Soares de Melo[25]:

> [...]
>
> *a)* a União não poderá cobrar dos Estados, Distrito Federal e Municípios imposto sobre a renda relativamente a valores que estas pessoas políticas auferirem em razão de suas atividades públicas; *b)* aos Estados e Distrito Federal é vedado cobrar da União e dos Municípios o imposto sobre a propriedade de veículos automotores, referente aos carros pertencentes a estas pessoas; e *c)* os Municípios não poderão exigir da União, Estados e Distrito Federal o imposto sobre a propriedade predial urbana, no que concerne aos prédios de que estes sejam proprietários.

[24] CARVALHO, Paulo de Barros. **Curso de Direito Tributário.** 28ª ed. São Paulo: Editora Saraiva, 2017, pp. 192 a 193.

[25] MELO, José Eduardo Soares de. **Curso de Direito Tributário.** 10ª ed., São Paulo: Dialética, 2012, p. 160.

Capítulo 4
Conflito de Competência em Matéria Tributária

4.1. Bitributação e *Bis in Idem*

Bitributação é a cobrança de tributo sobre o mesmo fato gerador por pessoas políticas de Direito Público interno distintas. Ou seja, ocorre quando dois entes políticos, por exemplo, um Estado-membro e um Município, exigem, respectivamente, ICMS e ISS sobre o mesmo fato gerador.

Por sua vez, no *bis in idem*, ocorrem duas ou mais cobranças, por uma única pessoa política, em relação a um mesmo fato gerador.

Para melhor elucidar a questão, José Eduardo Soares de Melo[26] assevera que:

> A *bitributação* (em termos não científicos) corresponde à exigência de diversas imposições fiscais sobre um mesmo fato gerador, por parte de distintas pessoas de Direito Público; independentemente de sua previsão constitucional; ou mesmo da espécie tributária (impostos, contribuições, etc.).
>
> [...]
>
> A *bitributação* (em termos científicos) consiste na dupla exigência de tributos, de modo ilegítimo, por parte de duas (ou mais) pessoas de Direito Público, [...].
>
> No *bis in idem* o fato jurídico é tributado por uma mesma pessoa política (única titularidade ativa), mais de uma vez [...]. (Destaques do original)

[26] MELO, José Eduardo Soares de. **Curso de Direito Tributário.** 10ª ed., São Paulo: Dialética, 2012, pp. 153 a 155.

No mesmo sentido, são os dizeres de Regina Helena Costa[27]:

> A *bitributação* significa a possibilidade de um mesmo fato jurídico ser *tributado por mais de uma pessoa*. Diante de nosso sistema tributário, tal prática é vedada, pois cada situação fática somente pode ser tributada por uma única pessoa política, aquela apontada constitucionalmente, pois, como visto, a competência tributária é *exclusiva* ou *privativa*. Inviável, portanto, que haja mais de uma pessoa política autorizada a exigir tributo sobre o mesmo fato jurídico.
>
> Já o *bis in idem* é a ideia distinta, traduzida na situação de o mesmo fato jurídico ser *tributado mais de uma vez pela mesma pessoa política*, sendo permitido pelo sistema pátrio desde que expressamente autorizado pela Constituição. Por exemplo, o fato de uma empresa auferir lucro dá margem à exigência do Imposto sobre a Renda, como também da Contribuição Social sobre o Lucro – CSSL, ambos tributos de competência da União. (Destaques do original)

Sobre este tema, importa esclarecer que o Superior Tribunal de Justiça (STJ), na Seção de 14 de outubro de 2015, ao apreciar os Embargos de Divergência em Recurso Especial (EREsp) nº 1.403.532-SC, sob a sistemática de recursos repetitivos, decidiu que não há bitributação ou *bis in idem* na incidência de Imposto sobre Produtos Industrializados (IPI) na revenda de produtos de procedência estrangeira, mesmo que não tenham sofrido industrialização no Brasil, conforme se verifica da ementa ora reproduzida abaixo:

> EMBARGOS DE DIVERGÊNCIA EM RECURSO ESPECIAL. DIREITO TRIBUTÁRIO. RECURSO REPRESENTATIVO DA CONTROVÉRSIA. ART. 543-C, DO CPC. IMPOSTO SOBRE PRODUTOS INDUSTRIALIZADOS – IPI. FATO GERADOR. INCIDÊNCIA SOBRE OS IMPORTADORES NA REVENDA DE PRODUTOS DE PROCEDÊNCIA ESTRANGEIRA. FATO GERADOR AUTORIZADO PELO ART. 46, II, C/C 51, PARÁGRAFO ÚNICO DO CTN. SUJEIÇÃO PASSIVA AUTORIZADA PELO ART. 51, II, DO CTN, C/C ART. 4º, I, DA LEI N. 4.502/64. PREVISÃO NOS ARTS. 9, I E 35, II, DO RIPI/2010 (DECRETO N. 7.212/2010).
>
> 1. Seja pela combinação dos artigos 46, II e 51, parágrafo único do CTN – que compõem o fato gerador, seja pela combinação do art. 51, II, do CTN, art.

[27] Costa, Regina Helena. **Curso de Direito Tributário. Constituição e Código Tributário Nacional.** 3ª ed., São Paulo: Saraiva, 2013, p. 69.

4º, I, da Lei n. 4.502/64, art. 79, da Medida Provisória n. 2.158-35/2001 e art. 13, da Lei n. 11.281/2006 – que definem a sujeição passiva, nenhum deles até então afastados por inconstitucionalidade, **os produtos importados estão sujeitos a uma nova incidência do IPI quando de sua saída do estabelecimento importador na operação de revenda, mesmo que não tenham sofrido industrialização no Brasil.**

2. Não há qualquer ilegalidade na incidência do IPI na saída dos produtos de procedência estrangeira do estabelecimento do importador, já que equiparado a industrial pelo art. 4º, I, da Lei n. 4.502/64, com a permissão dada pelo art. 51, II, do CTN.

3. **Interpretação que não ocasiona a ocorrência de *bis in idem*, dupla tributação ou bitributação, porque a lei elenca dois fatos geradores distintos, o desembaraço aduaneiro proveniente da operação de compra de produto industrializado do exterior e a saída do produto industrializado do estabelecimento importador equiparado a estabelecimento produtor, isto é, a primeira tributação recai sobre o preço de compra onde embutida a margem de lucro da empresa estrangeira e a segunda tributação recai sobre o preço da venda, onde já embutida a margem de lucro da empresa brasileira importadora**. Além disso, não onera a cadeia além do razoável, pois o importador na primeira operação apenas acumula a condição de contribuinte de fato e de direito em razão da territorialidade, já que o estabelecimento industrial produtor estrangeiro não pode ser eleito pela lei nacional brasileira como contribuinte de direito do IPI (os limites da soberania tributária o impedem), sendo que a empresa importadora nacional brasileira acumula o crédito do imposto pago no desembaraço aduaneiro para ser utilizado como abatimento do imposto a ser pago na saída do produto como contribuinte de direito (não-cumulatividade), mantendo-se a tributação apenas sobre o valor agregado.

4. Precedentes: REsp. n. 1.386.686 – SC, Segunda Turma, Rel. Min. Mauro Campbell Marques, julgado em 17.09.2013; e REsp. n. 1.385.952 – SC, Segunda Turma, Rel. Min. Mauro Campbell Marques, julgado em 03.09.2013. Superado o entendimento contrário veiculado nos EREsp. nº 1.411749-PR, Primeira Seção, Rel. Min. Sérgio Kukina, Rel. p/acórdão Min. Ari Pargendler, julgado em 11.06.2014; e no REsp. n. 841.269 – BA, Primeira Turma, Rel. Min. Francisco Falcão, julgado em 28.11.2006.

5. Tese julgada para efeito do art. 543-C, do CPC: '**os produtos importados estão sujeitos a uma nova incidência do IPI quando de sua saída do**

> **estabelecimento importador na operação de revenda, mesmo que não tenham sofrido industrialização no Brasil'.**
>
> 6. Embargos de divergência em Recurso especial não providos. Acórdão submetido ao regime do art. 543-C do CPC e da Resolução STJ 08/2008.
>
> (EREsp 1403532/SC, Rel. Ministro NAPOLEÃO NUNES MAIA FILHO, Rel. p/ Acórdão Ministro MAURO CAMPBELL MARQUES, PRIMEIRA SEÇÃO, julgado em 14/10/2015, DJe 18/12/2015) (Destaques nossos)

Também a título de exemplificação, o Supremo Tribunal Federal (STF), por sua vez, declarou recentemente que não há bitributação em decorrência da identidade entre as bases de cálculo e os fatos geradores da Contribuição Sindical Rural e do Imposto Territorial Rural (ITR):

> Agravo regimental no recurso extraordinário com agravo. Tributário. Contribuição Sindical Rural. Recepção do Decreto-Lei nº 1.166/1971 pela CF/88. **Natureza tributária. Bitributação. Não ocorrência**. Ausência de violação dos arts. 145, § 2º e 154, I, da CF/88. Precedentes.
>
> 1. A Contribuição Sindical Rural (instituída pelo DL n 1.166/71) tem natureza tributária e foi recepcionada pela Constituição Federal de 1988. Precedentes da Corte.
>
> 2. **Não procede a alegação de bitributação em decorrência da identidade entre as bases de cálculo e os fatos geradores da Contribuição Sindical Rural e do Imposto Territorial Rural ITR**. O inciso I do art. 154 da CF/88 não é aplicável à referida contribuição.
>
> 3. Agravo regimental não provido. Não se aplica ao caso dos autos a majoração dos honorários prevista no art. 85, § 11, do novo Código de Processo Civil, uma vez que a parte ora recorrida não apresentou contrarrazões ao recurso. (ARE 971500 AgR, Relator(a): Min. DIAS TOFFOLI, Segunda Turma, julgado em 19/05/2017, PROCESSO ELETRÔNICO DJe-114 DIVULG 30-05-2017 PUBLIC 31-05-2017) (Destaques nossos)

A bitributação ou o *bis in idem* não são considerados uma espécie de limitação da competência tributária, razão pela qual não foram abordados no presente estudo dentro do subitem Limitações da Competência Tributária, uma vez que estão mais próximos do (i) conflito de competência tributária, quando se tratar de bitributação, ou de mero (ii) erro material, quando se cuidar de *bis in idem*.

4.2. Conflitos de Competência Horizontais e Verticais em Matéria Tributária

Ocorre conflito de competência em matéria tributária, quando dois ou mais entes políticos acreditam ter legitimidade para cobrar tributos sobre o mesmo fato gerador.

Tal conflito é muito comum e geralmente ocorre entre Estados e Municípios, relativamente à incidência de ICMS e de ISSQN, tal como ocorreu no caso do julgamento da questão acerca dos serviços de farmacêuticos e manipulação de medicamentos pelo STJ, do Recurso Especial (REsp) nº 881.035, conforme atesta a ementa do julgado a seguir reproduzida:

> Ementa: CONSTITUCIONAL. TRIBUTÁRIO. DELIMITAÇÃO DA COMPETÊNCIA TRIBUTÁRIA ENTRE ESTADOS E MUNICÍPIOS. ICMS E ISSQN. CRITÉRIOS. SERVIÇOS FARMACÊUTICOS. MANIPULAÇÃO DE MEDICAMENTOS. SERVIÇOS INCLUÍDOS NA LISTA ANEXA À LC 116/03. INCIDÊNCIA DE ISSQN.
>
> 1. Segundo decorre do sistema normativo específico (art. 155, II, § 2º, IX, b e 156, III da CF, art. 2º, IV da LC 87/96 e art. 1º, § 2º da LC 116/03), a delimitação dos campos de competência tributária entre Estados e Municípios, relativamente à incidência de ICMS e de ISSQN, está submetida aos seguintes critérios: (a) sobre operações de circulação de mercadoria e sobre serviços de transporte interestadual e internacional e de comunicações incide ICMS; (b) sobre operações de prestação de serviços, compreendidos na lista de que trata a LC 116/03, incide ISSQN; e (c) sobre operações mistas, assim entendidas as que agregam mercadorias e serviços, incide o ISSQN sempre que o serviço agregado estiver compreendido na lista de que trata a LC 116/03 e incide ICMS sempre que o serviço agregado não estiver previsto na referida lista. Precedentes de ambas as Turmas do STF.
>
> 2. Os serviços farmacêuticos constam do item 4.07 da lista anexa à LC 116/03 como serviços sujeitos à incidência do ISSQN. Assim, a partir da vigência dessa Lei, o fornecimento de medicamentos manipulados por farmácias, por constituir operação mista que agrega necessária e substancialmente a prestação de um típico serviço farmacêutico, não está sujeito ao ICMS, mas a ISSQN.
>
> 3. Recurso provido. (REsp 881035 / RS, Relator Ministro Teori Albino Zavascki, Primeira Turma, Data do Julgamento: 06/03/2008).

Podem ocorrer conflitos de competência também entre União e Municípios, sobretudo no que concerne à incidência de IPI e ISSQN, ou IOF e ISSQN, tal como ocorreu, por exemplo, no caso do arrendamento mercantil (*leasing* financeiro), oportunidade em que o STF, quando dos julgamentos do Recurso Extraordinário (RE) nº 547.245 e Recurso Extraordinário (RE) nº 592.905, sendo este último com repercussão geral reconhecida, entendeu que incide o ISSQN sobre tal operação (arrendamento mercantil) cuja ementa se reproduz abaixo:

> EMENTA: RECURSO EXTRAORDINÁRIO. DIREITO TRIBUTÁRIO. ISS. ARRENDAMENTO MERCANTIL. OPERAÇÃO DE LEASING FINANCEIRO. ARTIGO 156, III, DA CONSTITUIÇÃO DO BRASIL. O arrendamento mercantil compreende três modalidades, [i] o leasing operacional, [ii] o leasing financeiro e [iii] o chamado lease-back. No primeiro caso há locação, nos outros dois, serviço. A lei complementar não define o que é serviço, apenas o declara, para os fins do inciso III do artigo 156 da Constituição. Não o inventa, simplesmente descobre o que é serviço para os efeitos do inciso III do artigo 156 da Constituição. No arrendamento mercantil (leasing financeiro), contrato autônomo que não é misto, o núcleo é o financiamento, não uma prestação de dar. E financiamento é serviço, sobre o qual o ISS pode incidir, resultando irrelevante a existência de uma compra nas hipóteses do leasing financeiro e do lease-back. Recurso extraordinário a que se dá provimento.
>
> (RE 547245, Relator(a): Min. EROS GRAU, Tribunal Pleno, julgado em 02/12/2009, DJe-040 DIVULG 04-03-2010 PUBLIC 05-03-2010 EMENT VOL-02392-04 PP-00857 RT v. 99, n. 897, 2010, p. 143-159 LEXSTF v. 32, n. 376, 2010, p. 175-200)
>
> EMENTA: RECURSO EXTRAORDINÁRIO. TRIBUTÁRIO. ISS. INCIDÊNCIA EM CONTRATOS DE ARRENDAMENTO MERCANTIL [LEASING]. REPERCUSSÃO GERAL. EXISTÊNCIA. (RE 592905 RG, Relator(a): Min. EROS GRAU, julgado em 16/10/2008, DJe-211 DIVULG 06-11-2008 PUBLIC 07-11-2008 EMENT VOL-02340-07 PP-01461 LEXSTF v. 31, n. 362, 2009, p. 280-284)

O conflito de competência entre União e Municípios restou bem caracterizado, também, no Parecer Normativo COSIT nº 18, de 06 de setembro de 2013, assim como na Solução de Consulta da Secretaria da Receita Federal do Brasil nº 350/2004, onde é possível identificar conflitos de competências nas hipóteses de incidências do IPI e do ISSQN:

> PARECER NORMATIVO COSIT Nº 18, DE 06 DE SETEMBRO DE 2013
> Assunto: Imposto sobre Produtos Industrializados – IPI.
> SERVIÇOS CONSTANTES DA LISTA ANEXA À LEI COMPLEMENTAR Nº 116, DE 2003. INCIDÊNCIA DO IPI.
> Ementa: **O fato de serviços constarem da lista anexa ao Decreto-Lei nº 406, de 31 de dezembro de 1968, ou à Lei Complementar nº 116, de 31 de julho de 2003, é irrelevante para determinar a não incidência do IPI, caso tais serviços se caracterizem como operações de industrialização.** (Destaques nossos)

> Solução de Consulta nº 350/2004 ASSUNTO: Imposto sobre Produtos Industrializados – IPI EMENTA: CAMPO DE INCIDÊNCIA. OPERAÇÃO DE INDUSTRIALIZAÇÃO. PRESTAÇÃO DE SERVIÇO SUJEITA AO ISS. IRRELEVÂNCIA
> As operações de restauração, conserto e beneficiamento de produtos, realizadas mediante galvanoplastia, classificam-se como industrialização, consoante o art. 4º do RIPI/2002, somente escapando ao campo de incidência do IPI nos casos em que restar configurada alguma das hipóteses plasmadas no art. 5º do mesmo regulamento. **O fato de uma operação constar da lista anexa à Lei Complementar nº 116, de 2003, caracterizando, dessarte, prestação de serviço para efeito de incidência do ISS, não impede que essa mesma operação seja enquadrada como industrialização, estando incluída, também, no campo de incidência do IPI**. (Destaques nossos)

Ocorrem, ainda, conflitos de competência tributária entre os próprios Municípios, mormente em relação ao local de prestação de serviço, muitas vezes necessitando a intervenção do Poder Judiciário para solucionar tal conflito.

Aliás, sobre este aspecto, foi necessário, mais uma vez, a interferência do Poder Judiciário para definir em qual local deve ser recolhido o ISSQN incidente sobre arrendamento mercantil financeiro, conforme se depreende da ementa do julgado do STJ abaixo (Recurso Especial nº 1.060.210/SC, de relatoria do Ministro Napoleão Nunes Maia Filho, o qual foi julgado sob a sistemática de recurso repetitivo):

RECURSO ESPECIAL. TRIBUTÁRIO. EMBARGOS À EXECUÇÃO FISCAL. INCIDÊNCIA DE ISS SOBRE ARRENDAMENTO MERCANTIL FINANCEIRO. QUESTÃO PACIFICADA PELO STF POR OCASIÃO DO JULGAMENTO DO RE 592.905/SC, REL. MIN. EROS GRAU, DJE 05.03.2010. SUJEITO ATIVO DA RELAÇÃO TRIBUTÁRIA NA VIGÊNCIA DO DL 406/68: MUNICÍPIO DA SEDE DO ESTABELECIMENTO PRESTADOR. APÓS A LEI 116/03: LUGAR DA PRESTAÇÃO DO SERVIÇO. LEASING. CONTRATO COMPLEXO. A CONCESSÃO DO FINANCIAMENTO É O NÚCLEO DO SERVIÇO NA OPERAÇÃO DE LEASING FINANCEIRO, À LUZ DO ENTENDIMENTO DO STF. O SERVIÇO OCORRE NO LOCAL ONDE SE TOMA A DECISÃO ACERCA DA APROVAÇÃO DO FINANCIAMENTO, ONDE SE CONCENTRA O PODER DECISÓRIO, ONDE SE SITUA A DIREÇÃO GERAL DA INSTITUIÇÃO. O FATO GERADOR NÃO SE CONFUNDE COM A VENDA DO BEM OBJETO DO LEASING FINANCEIRO, JÁ QUE O NÚCLEO DO SERVIÇO PRESTADO É O FINANCIAMENTO. IRRELEVANTE O LOCAL DA CELEBRAÇÃO DO CONTRATO, DA ENTREGA DO BEM OU DE OUTRAS ATIVIDADES PREPARATÓRIAS E AUXILIARES À PERFECTIBILIZAÇÃO DA RELAÇÃO JURÍDICA, A QUAL SÓ OCORRE EFETIVAMENTE COM A APROVAÇÃO DA PROPOSTA PELA INSTITUIÇÃO FINANCEIRA. BASE DE CÁLCULO. PREJUDICADA A ANÁLISE DA ALEGADA VIOLAÇÃO DO ART. 148 DO CTN E 9 DO DL 406/68. RECURSO ESPECIAL DE POTENZA LEASING S/A ARRENDAMENTO MERCANTIL PARCIALMENTE PROVIDO PARA JULGAR PROCEDENTES OS EMBARGOS À EXECUÇÃO E RECONHECER A ILEGITIMIDADE ATIVA DO MUNICÍPIO DE TUBARÃO/SC PARA EXIGIR O IMPOSTO. INVERSÃO DOS ÔNUS DE SUCUMBÊNCIA. ACÓRDÃO SUBMETIDO AO PROCEDIMENTO DO ART. 543-C DO CPC E DA RESOLUÇÃO 8/STJ.

1. O colendo STF já afirmou (RE 592. 905/SC) que ocorre o fato gerador da cobrança do ISS em contrato de arrendamento mercantil. O eminente Ministro EROS GRAU, relator daquele recurso, deixou claro que o fato gerador não se confunde com a venda do bem objeto do *leasing* financeiro, já que o núcleo do serviço prestado é o financiamento.

2. No contrato de arrendamento mercantil financeiro (Lei 6.099/74 e Resolução 2.309/96 do BACEN), uma empresa especialmente dedicada a essa atividade adquire um bem, segundo especificações do usuário/consumidor, que passa a ter a sua utilização imediata, com o pagamento de contraprestações

previamente acertadas, e opção de, ao final, adquiri-lo por um valor residual também contratualmente estipulado. Essa modalidade de negócio dinamiza a fruição de bens e não implica em imobilização contábil do capital por parte do arrendatário: os bens assim adquiridos entram na contabilidade como custo operacional (art. 11 e 13 da Lei 6.099/74). Trata-se de contrato complexo, de modo que o enfrentamento da matéria obriga a identificação do local onde se perfectibiliza o financiamento, núcleo da prestação dos serviços nas operações de *leasing* financeiro, à luz do entendimento que restou sedimentado no Supremo Tribunal Federal.

3. O art. 12 do DL 406/68, com eficácia reconhecida de lei complementar, posteriormente revogado pela LC 116/2003, estipulou que, à exceção dos casos de construção civil e de exploração de rodovias, o local da prestação do serviço é o do estabelecimento prestador.

4. A opção legislativa representa um potente duto de esvaziamento das finanças dos Municípios periféricos do sistema bancário, ou seja, através dessa modalidade contratual se instala um mecanismo altamente perverso de sua descapitalização em favor dos grandes centros financeiros do País.

5. A interpretação do mandamento legal leva a conclusão de ter sido privilegiada a segurança jurídica do sujeito passivo da obrigação tributária, para evitar dúvidas e cobranças de impostos em duplicata, sendo certo que eventuais fraudes (como a manutenção de sedes fictícias) devem ser combatidas por meio da fiscalização e não do afastamento da norma legal, o que traduziria verdadeira quebra do princípio da legalidade tributária.

6. Após a vigência da LC 116/2003 é que se pode afirmar que, existindo unidade econômica ou profissional do estabelecimento prestador no Município onde o serviço é perfectibilizado, ou seja, onde ocorrido o fato gerador tributário, ali deverá ser recolhido o tributo.

7. O contrato de leasing financeiro é um contrato complexo no qual predomina o aspecto financeiro, tal qual assentado pelo STF quando do julgamento do RE 592.905/SC, Assim, há se concluir que, tanto na vigência do DL 406/68 quanto na vigência da LC 116//203, o núcleo da operação de arrendamento mercantil, o serviço em si, que completa a relação jurídica, é a decisão sobre a concessão, a efetiva aprovação do financiamento.

8. As grandes empresas de crédito do País estão sediadas ordinariamente em grandes centros financeiros de notável dinamismo, onde centralizam os poderes decisórios e estipulam as cláusulas contratuais e operacionais para todas suas agências e dependências.

Fazem a análise do crédito e elaboram o contrato, além de providenciarem a aprovação do financiamento e a consequente liberação do valor financeiro para a aquisição do objeto arrendado, núcleo da operação. Pode-se afirmar que é no local onde se toma essa decisão que se realiza, se completa, que se perfectibiliza o negócio. Após a vigência da LC 116.2003, assim, é neste local que ocorre a efetiva prestação do serviço para fins de delimitação do sujeito ativo apto a exigir ISS sobre operações de arrendamento mercantil.

9. O tomador do serviço ao dirigir-se à concessionária de veículos não vai comprar o carro, mas apenas indicar à arrendadora o bem a ser adquirido e posteriormente a ele disponibilizado. Assim, a entrega de documentos, a formalização da proposta e mesmo a entrega do bem são procedimentos acessórios, preliminares, auxiliares ou consectários do serviço cujo núcleo – fato gerador do tributo – é a decisão sobre a concessão, aprovação e liberação do financiamento.

10. Ficam prejudicadas as alegações de afronta ao art. 148 do CTN e ao art. 9o. do Decreto-Lei 406/68, que fundamente a sua tese relativa à ilegalidade da base de cálculo do tributo.

11. No caso dos autos, o fato gerador originário da ação executiva refere-se a período em que vigente a DL 406/68. A própria sentença afirmou que a ora recorrente possui sede na cidade de Osasco/SP e não se discutiu a existência de qualquer fraude relacionada a esse estabelecimento; assim, o Município de Tubarão não é competente para a cobrança do ISS incidente sobre as operações realizadas pela empresa Potenza Leasing S.A. Arrendamento Mercantil, devendo ser dado provimento aos Embargos do Devedor, com a inversão dos ônus sucumbenciais.

12. Recurso Especial parcialmente provido para definir que: (a) incide ISSQN sobre operações de arrendamento mercantil financeiro; (b) o sujeito ativo da relação tributária, na vigência do DL 406/68, é o Município da sede do estabelecimento prestador (art. 12); (c) a partir da LC 116/03, é aquele onde o serviço é efetivamente prestado, onde a relação é perfectibilizada, assim entendido o local onde se comprove haver unidade econômica ou profissional da instituição financeira com poderes decisórios suficientes à concessão e aprovação do financiamento – núcleo da operação de leasing financeiro e fato gerador do tributo; (d) prejudicada a análise da alegada violação ao art. 148 do CTN; (e) no caso concreto, julgar procedentes os Embargos do Devedor, com a inversão dos ônus sucumbenciais, ante o reconhecimento da ilegitimidade ativa do Município de Tubarão/SC para a cobrança do ISS. Acórdão submetido ao procedimento do art. 543-C do CPC e da Resolução 8/STJ. (REsp

1060210/SC, Rel. Ministro NAPOLEÃO NUNES MAIA FILHO, PRIMEIRA SEÇÃO, julgado em 28/11/2012, DJe 05/03/2013)

Assim, sob a sistemática de recurso repetitivo, o STJ, quando do julgamento do Recurso Especial (RESP) nº 1.060.210/SC, sob relatoria do Ministro Napoleão Nunes Maia Filho, decidiu que, o sujeito ativo da relação tributária, na égide do Decreto-lei nº 406/68, é o Município da sede do estabelecimento prestador (art. 12), ao passo que, a partir da vigência da Lei Complementar nº 116/03, é aquele onde o serviço é efetivamente prestado, isto é, *"onde a relação é perfectibilizada, assim entendido o local onde se comprove haver unidade econômica ou profissional da instituição financeira com poderes decisórios suficientes à concessão e aprovação do financiamento – núcleo da operação de leasing financeiro e fato gerador do tributo"*.

A solução para resolver e delimitar os campos de competência tributária entre as pessoas políticas de Direito Público interno estão previstas na própria Constituição, que aduz que cabe à lei complementar dispor sobre conflitos de competência, em matéria tributária, entre a União, os Estados, o Distrito Federal e os Municípios (artigo 146, inciso I).

Os conflitos de competência entre Estados e entre Municípios são denominados, por alguns doutrinadores, como conflitos horizontais de competência em matéria tributária, ao passo que conflitos entre União e Municípios, União e Estados e/ou Estados e Municípios são chamados de conflitos verticais.

Nesse sentido, afirma Luís Eduardo Schoueri[28]:

> Os exemplos até agora citados de conflitos de competência se inserem na categoria dos conflitos verticais, i.e., conflito entre União, Estados e Municípios. Não se deve deixar de lado a possibilidade de o conflito dar-se horizontalmente (conflito entre Estados ou entre Municípios), quando, mais uma vez, será a lei complementar o instrumento hábil para sua solução.

Esse tópico é de suma importância para o presente trabalho, uma vez que o este estudo visa, justamente, auxiliar o intérprete a reconhecer, na tributação de *smart cards*, sobretudo os cartões bancários, se o fato jurídico tributário se enquadrará na hipótese de incidência tributária do ICMS ou do ISSQN, mormente considerando a linha tênue existente entre esses dois impostos.

[28] SCHOUERI, Luís Eduardo. **Direito Tributário.** 7ª ed., São Paulo: Saraiva, 2017, p. 286.

Capítulo 5
Aspectos Gerais do Imposto Sobre Operações Relativas à Circulação de Mercadorias e Sobre Prestações de Serviços de Transporte Interestadual e Intermunicipal e de Comunicação

5.1. Arquétipo Constitucional

O Imposto Sobre Operações Relativas à Circulação de Mercadorias e Sobre Prestações de Serviços de Transporte Interestadual e Intermunicipal e de Comunicação (ICMS), de competência dos Estados e do Distrito Federal, está previsto no artigo 155, inciso II, da CF/88, que dispõe:

> Art. 155. Compete aos Estados e ao Distrito Federal instituir impostos sobre:
>
> [...]
>
> II – operações relativas à circulação de mercadorias e sobre prestações de serviços de transporte interestadual e intermunicipal e de comunicação, ainda que as operações e as prestações se iniciem no exterior;

Com efeito, da interpretação do sobredito dispositivo constitucional verifica-se que, para que ocorra o *fato jurídico tributário* descrito na *hipótese tributária*, necessariamente deve haver operação que acarrete circulação de mercadoria, ou prestação de serviço de transporte entre Estados e/ou Municípios, ou, ainda, prestação de serviço de comunicação, ainda que as operações e as prestações se iniciem no exterior.

Sobre este aspecto, aliás, o Ministro Luiz Gallotti, em voto proferido no julgamento do Recurso Extraordinário nº 71.758 pelo STF, ponderou que: *"Se a lei pudesse chamar de compra o que não é compra, de importação o que não é importação, de exportação o que não é exportação, de renda o que não é renda, ruiria todo o sistema tributário inscrito na Constituição."* (RE nº 71.758, Relator Min. Thompson Flores, Tribunal Pleno, julgado em 14.06.1972, DJ 31.08.1973).

Assim, os elementos integrantes da *regra-matriz*[29] do ICMS devem ser analisados e aplicados de modo coerente e harmônico, para poder se encontrar a essência tributária, em especial a materialidade de sua *hipótese tributária*.

Segundo Roque Antonio Carrazza[30]:

> *II* – A sigla 'ICMS' alberga pelo menos cinco impostos diferentes, a saber: *a)* o imposto sobre operações mercantis (operações relativas à circulação de mercadorias), que, de algum modo, compreende o que nasce da entrada, na Unidade Federada, de mercadorias importadas do exterior; *b)* o imposto sobre serviços de transporte interestadual e intermunicipal; *c)* o imposto sobre serviços de comunicação; *d)* o imposto sobre produção, importação, circulação, distribuição ou consumo de lubrificantes e combustíveis líquidos e gasosos e de energia elétrica; e *e)* o imposto sobre a extração, circulação, distribuição ou consumo de minerais. Dizemos *diferentes*, porque estes tributos têm hipóteses de incidência e bases de cálculo diferentes. Há, pois, pelo menos cinco núcleos distintos de incidência do ICMS.

Ademais, o artigo 155, parágrafo segundo, inciso I, da Constituição Federal de 1988, dispõe que o ICMS se sujeita ao princípio da não-cumulatividade. Tal dispositivo determina que o imposto *"será não-cumulativo, compensando-se o que for devido em cada operação relativa à circulação de mercadorias ou prestação de serviços com o montante cobrado nas anteriores pelo mesmo ou por outro Estado ou pelo Distrito Federal."*

Isso significa que, em cada operação ou prestação, é assegurada ao contribuinte uma dedução ou abatimento correspondente aos montantes cobrados nas operações ou prestações anteriores. A exceção a esse direito de crédito ocorre quando estiverem presentes as situações de isenção ou não-incidência do ICMS. Tais casos acarretam a anulação do crédito relativo às operações anteriores. Seguindo as disposições contidas no artigo

[29] "[...] a regra-matriz de incidência tributária é, por excelência, uma regra de comportamento, preordenada que está a disciplinar a conduta do sujeito devedor da prestação fiscal, perante o sujeito pretensor, titular do direito de crédito." (CARVALHO, Paulo de Barros. **Curso de Direito Tributário.** 28ª ed., São Paulo: Saraiva, 2017, p. 273).

[30] CARRAZZA, Roque Antonio. **ICMS.** 16ª ed., São Paulo: Malheiros, 2012, pp. 40 a 41.

155, parágrafo segundo, inciso III da CF/88, o ICMS *"poderá ser seletivo, em função da essencialidade das mercadorias e dos serviços"*.

Pelo princípio da seletividade temos que as mercadorias e os serviços de primeira necessidade devem ser menos onerados, pelo ICMS, que as mercadorias e serviços supérfluos.

Sobre este aspecto, são as palavras de Roque Antônio Carraza[31]:

> A seletividade em função da essencialidade exige que o ônus econômico do ICMS recaia sobre mercadorias ou serviços, na razão direta de sua superfluidade e na razão inversa de sua necessidade, tomando-se como parâmetro o consumo popular. Daí que, a nosso sentir, as operações com gêneros de primeira necessidade e as prestações de serviços (de transporte transmunicipal ou de comunicação) de massa deveriam ser completamente desoneradas do tributo, já que, em relação a eles, o contribuinte não tem liberdade de escolha.

Enfim, tendo em vista que a materialidade do ICMS está prevista no texto constitucional, é evidente que todas as normas infraconstitucionais devem respeitar o critério material ali previsto, não podendo criar novos fatos geradores.

5.2. Legislação Complementar

Prevê a Constituição em seu artigo 155, inciso II, parágrafo 2º, inciso XII:

> Art. 155. Compete aos Estados e ao Distrito Federal instituir impostos sobre:
>
> [...]
>
> II – operações relativas à circulação de mercadorias e sobre prestações de serviços de transporte interestadual e intermunicipal e de comunicação, ainda que as operações e as prestações se iniciem no exterior;
>
> [...]
>
> § 2º O imposto previsto no inciso II atenderá ao seguinte:
>
> [...]
>
> XII – cabe à lei complementar:
>
> *a)* definir seus contribuintes;
>
> *b)* dispor sobre substituição tributária;
>
> *c)* disciplinar o regime de compensação do imposto;

[31] CARRAZZA, Roque Antonio. **ICMS**. 16ª edição, revista e ampliada, até a EC 67/2011, São Paulo: editora Malheiros, 2012, p. 508.

d) fixar, para efeito de sua cobrança e definição do estabelecimento responsável, o local das operações relativas à circulação de mercadorias e das prestações de serviços;

e) excluir da incidência do imposto, nas exportações para o exterior, serviços e outros produtos além dos mencionados no inciso X, "a";

f) prever casos de manutenção de crédito, relativamente à remessa para outro Estado e exportação para o exterior, de serviços e de mercadorias;

g) regular a forma como, mediante deliberação dos Estados e do Distrito Federal, isenções, incentivos e benefícios fiscais serão concedidos e revogados.

h) definir os combustíveis e lubrificantes sobre os quais o imposto incidirá uma única vez, qualquer que seja a sua finalidade, hipótese em que não se aplicará o disposto no inciso X, *b*;

i) fixar a base de cálculo, de modo que o montante do imposto a integre, também na importação do exterior de bem, mercadoria ou serviço.

Sobre o dispositivo legal retro transcrito, importa reproduzir as palavras de Roque Antonio Carrazza[32]:

A propósito deste artigo, algumas observações podem ser feitas, com base no que escrevemos nos itens anteriores. Vejamos.

I – A lei complementar, ao "definir seus contribuintes", não poderá desfigurar nenhum destes cinco impostos. Tal ocorreria se ela "autorizasse" a tributação de pessoas que não estão envolvidas com as hipóteses de incidência possíveis do ICMS.

Melhor elucidando, só poderá mandar figurar, de modo válido, no polo passivo da obrigação de pagar o imposto sobre circulação de mercadorias, pessoa que realmente estiver envolvida com a prática de operações mercantis. De fato, se o imposto é sobre operações mercantis, só quem as pratica poderá ser compelido a pagá-lo. Assim, *v.g.*, o comerciante e o industrial; não, porém, o advogado, o professor, o dentista, o escultor, etc. (que positivamente não praticam, no desempenho de seus misteres, operações mercantis).

O mesmo podemos dizer do imposto sobre serviços de transporte interestadual e intermunicipal. Apenas quem prestar, a terceiros, em caráter negocial, tais serviços, poderá ser havido por sujeito passivo desta exação.

Por igual modo, somente quem presta serviços de comunicação não estritamente municipais, a terceiros, com conteúdo econômico, poderá ser considerado, pela lei complementar, contribuinte do imposto específico.

[32] CARRAZZA, Roque Antonio. **ICMS**. 16ª ed., São Paulo: Malheiros, 2012, p. 615.

Também só pode ser tido, pela lei complementar, por contribuinte de ICMS, quem produz, importa, faz circular, distribui ou consome lubrificantes e combustíveis *ou* quem produz, importa, faz circular, distribui ou consome energia elétrica.

Finalmente, a lei complementar só poderá considerar contribuinte, quem, de fato, extrai, faz circular, distribui ou consome minerais.

Vemos, pois, com hialina clareza, que a lei complementar em exame só poderá "explicitar" os "sujeitos passivos possíveis" dos vários ICMS, cujas regras-matrizes – repetimos – foram traçadas, com retoques à perfeição, pela própria Carta Magna de modo a vincular toda a legislação infraconstitucional.

Desse modo, foi editada a Lei Complementar nº 87, de 13 de setembro de 1996, que também é conhecida como Lei Kandir, nela, além da materialidade do tributo, é possível identificar também os demais critérios da regra-matriz de incidência tributária.

Assim, nos termos do seu artigo 1º, é possível verificar que referido dispositivo legal repete a competência tributária estabelecida pela Constituição Federal, estabelecendo os sujeitos ativos da relação jurídico-tributária, ao determinar que:

> Art. 1º Compete aos Estados e ao Distrito Federal instituir o imposto sobre operações relativas à circulação de mercadorias e sobre prestações de serviços de transporte interestadual e intermunicipal e de comunicação, ainda que as operações e as prestações se iniciem no exterior.

Por sua vez, o artigo 2º, estabelece as hipóteses de incidência do ICMS, as dispor o seguinte:

> Art. 2° O imposto incide sobre:
>
> I – operações relativas à circulação de mercadorias, inclusive o fornecimento de alimentação e bebidas em bares, restaurantes e estabelecimentos similares;
>
> II – prestações de serviços de transporte interestadual e intermunicipal, por qualquer via, de pessoas, bens, mercadorias ou valores;
>
> III – prestações onerosas de serviços de comunicação, por qualquer meio, inclusive a geração, a emissão, a recepção, a transmissão, a retransmissão, a repetição e a ampliação de comunicação de qualquer natureza;

IV – fornecimento de mercadorias com prestação de serviços não compreendidos na competência tributária dos Municípios;

V – fornecimento de mercadorias com prestação de serviços sujeitos ao imposto sobre serviços, de competência dos Municípios, quando a lei complementar aplicável expressamente o sujeitar à incidência do imposto estadual.

§ 1º O imposto incide também:

I – sobre a entrada de mercadoria ou bem importados do exterior, por pessoa física ou jurídica, ainda que não seja contribuinte habitual do imposto, qualquer que seja a sua finalidade;

II – sobre o serviço prestado no exterior ou cuja prestação se tenha iniciado no exterior;

III – sobre a entrada, no território do Estado destinatário, de petróleo, inclusive lubrificantes e combustíveis líquidos e gasosos dele derivados, e de energia elétrica, quando não destinados à comercialização ou à industrialização, decorrentes de operações interestaduais, cabendo o imposto ao Estado onde estiver localizado o adquirente.

§ 2º A caracterização do fato gerador independe da natureza jurídica da operação que o constitua.

Da análise das normas supracitadas, é possível identificar os cinco diferentes impostos existentes em relação ao ICMS, tal como salientado por Roque Antonio Carrazza, conforme mencionado anteriormente, quais sejam: (i) o imposto sobre as operações relativas à circulação de mercadorias (imposto sobre operações mercantis), que compreende a importação de mercadorias do exterior; (ii) o imposto sobre a prestação de serviços de transporte interestadual e intermunicipal; (iii) o imposto sobre a prestação de serviços de comunicação; (iv) o imposto sobre produção, importação, circulação, distribuição ou consumo de lubrificantes e combustíveis líquidos e gasosos e de energia elétrica; e (v) o imposto sobre a extração, circulação, distribuição ou consumo de minerais.

O artigo 4º[33] da Lei Complementar nº 87/96 fixou o sujeito passivo da relação, ao passo que o artigo 13[34] da aludida Lei, estabelece a base de cálculo do ICMS, sendo esta o valor da operação.

[33] Art. 4º Contribuinte é qualquer pessoa, física ou jurídica, que realize, com habitualidade ou em volume que caracterize intuito comercial, operações de circulação de mercadoria ou prestações de serviços de transporte interestadual e intermunicipal e de comunicação, ainda que as operações e as prestações se iniciem no exterior.

Por fim, os artigos 11 e 12 da Lei Complementar nº 87/96 estabelecem, respectivamente, que o critério espacial da regra-matriz de incidência tributária é o local do estabelecimento onde se encontre a mercadoria no momento da ocorrência do fato gerador, bem como o critério temporal, que é definido pela lei como o exato momento em que ocorre a saída de mercadoria do estabelecimento do contribuinte.

5.3. Legislação Estadual de São Paulo

Por sua vez, no Estado de São Paulo, o ICMS encontra-se disciplinado na Lei nº 6.374, de 1º de março de 1989, que foi regulamentada pelo Decreto nº 45.490, de 30 de novembro de 2000, o qual estabeleceu o Regulamento do ICMS (RICMS/SP).

Em relação à circulação de mercadoria, que é o que nos interesse no presente trabalho, o inciso I, do artigo 1º, da Lei nº 6.374/89, que foi reproduzido pelo inciso I, do artigo 1º do RICMS/SP, dispõe que o ICMS incide sobre: "**I** - *operação relativa à circulação de mercadorias inclusive o fornecimento de alimentação, bebidas das e outras mercadorias em qualquer estabelecimento;*".

No que concerne ao critério temporal do ICMS, ou seja, no que tange ao momento em que ocorre o fato gerador do imposto, o inciso I, do artigo 2º, da Lei nº 6.374/89, que foi reproduzido pelo inciso I, do artigo 2º do RICMS/SP, estabelece que *"Ocorre o fato gerador do imposto: I - na saída de mercadoria, a qualquer título, de estabelecimento de contribuinte, ainda que para outro estabelecimento do mesmo titular;"*.

Parágrafo único. É também contribuinte a pessoa física ou jurídica que, mesmo sem habitualidade ou intuito comercial:
I – importe mercadorias ou bens do exterior, qualquer que seja a sua finalidade;
II – seja destinatária de serviço prestado no exterior ou cuja prestação se tenha iniciado no exterior;
III – adquira em licitação mercadorias ou bens apreendidos ou abandonados;
IV – adquira lubrificantes e combustíveis líquidos e gasosos derivados de petróleo e energia elétrica oriundos de outro Estado, quando não destinados à comercialização ou à industrialização. [...]

[34] Art. 13. A base de cálculo do imposto é:
I – na saída de mercadoria prevista nos incisos I, III e IV do art. 12, o valor da operação;
II – na hipótese do inciso II do art. 12, o valor da operação, compreendendo mercadoria e serviço;
III – na prestação de serviço de transporte interestadual e intermunicipal e de comunicação, o preço do serviço; [...]

Em relação ao critério pessoal, mais precisamente no que concerne ao contribuinte do imposto, os artigos 7º, da Lei nº 6.374/89 e 9º, do RICMS/SP, dispõem que:

> **Artigo 7º** - Contribuinte do imposto é qualquer pessoa, natural ou jurídica, que de modo habitual ou em volume que caracterize intuito comercial, realize operações relativas à circulação de mercadorias ou preste serviços de transporte interestadual ou intermunicipal ou de comunicação.
>
> Artigo 9º – Contribuinte do imposto é qualquer pessoa, natural ou jurídica, que de modo habitual ou em volume que caracterize intuito comercial, realize operações relativas à circulação de mercadorias ou preste serviços de transporte interestadual ou intermunicipal ou de comunicação (Lei 6.374/89, art. 7º, na redação da Lei 9.399/96, art. 1º, III).

No que se refere ao critério espacial, em se tratando de mercadoria ou bem, o artigo 23 da Lei nº 6.374/89, assim como o artigo 36 do RICMS/SP, dispõem que o local da operação é onde se encontre a mercadoria no momento da ocorrência do fato gerador.

Por seu turno, a base de cálculo do imposto, em se tratando de mercadoria ou bem, é o valor da operação mercantil (artigo 24 da Lei nº 6.374/89 e artigo 37 do RICMS/SP) e a alíquota é de *"18% (dezoito por cento), nas operações ou prestações internas ou naquelas que se tenham iniciado no exterior"*, nos termos do artigo 34, inciso I, da Lei nº 6.374/89 e artigo 52, inciso I, do RICMS/SP.

5.4. O ICMS Sobre Serviços de Comunicação

Além dos serviços de transportes interestadual e intermunicipal, dispõe o artigo 155, inciso II, da Constituição que o ICMS incide também *"sobre prestações de serviços [...] de comunicação, ainda que [...] as prestações se iniciem no exterior"*.

Este imposto não incide sobre a comunicação propriamente dita, mas, sim, sobre a prestação onerosa de serviços de comunicação.

Segundo Roque Antonio Carrazza[35]:

> Deveras, a comunicação só ganha relevância jurídica, para fins de ICMS, quando decorre de um contrato oneroso de prestação de serviços.

[35] CARRAZZA, Roque Antonio. **ICMS**. 16ª ed., São Paulo: Malheiros, 2012, p. 226.

Foi a própria Constituição Federal que, ao outorgar aos Estados-membros a competência para instituir o tributo em exame, determinou que ele apenas incidiria sobre as prestações onerosas de serviços de comunicação.

Ainda sobre a materialidade da exação em apreço, José Eduardo Soares de Melo[36] assevera que:

> A *prestação de serviços de comunicação* constitui o cerne da materialidade da hipótese de incidência tributária, compreendendo um negócio (jurídico) pertinente a uma obrigação "de fazer", de conformidade com os postulados do direito privado.
>
> Esse imposto incide sobre a prestação de serviços de comunicação em *regime de direito privado* (por particulares, empresas privadas, empresas públicas, ou sociedades de economia mista), que não se confunde com os *serviços públicos* específicos e divisíveis, submetidos a *regime de direito público*, cuja remuneração é realizada por meio de taxas (art. 145, II, da CF).
>
> [...]
>
> O *significado jurídico* de 'comunicação' – para fins e efeitos tributários – mantém prévia implicação com a realização do *serviço*, que só tem condição de ser configurado mediante a existência de duas (ou mais) pessoas (físicas ou jurídicas), nas qualidades de prestador e tomador (usuário) do serviço, constituindo heresia jurídica pensar-se em serviço consigo mesmo.

E conclui Roque Antonio Carrazza[37]:

> Assim, o serviço sobre o qual pode incidir o imposto em exame é o colocado *in commercium* (no mundo dos negócios), sendo submetido, em sua prestação, ao *regime de direito privado*, que se caracteriza, como se sabe, pela autonomia das vontades e pela igualdade das partes contratantes.

Portanto, enquanto não se efetivar, no mundo real (mundo fenomênico), a prestação do serviço de comunicação, não se verificará o fato imponível (fato gerador) desse tributo.

36 MELO, José Eduardo Soares de. **ICMS Teoria e Prática**. 12ª ed., São Paulo: Dialética, 2012, pp. 144 a 145.

37 CARRAZZA, Roque Antonio. **ICMS**. 16ª ed., São Paulo: Malheiros, 2012, p. 227.

Capítulo 6
Aspectos Gerais do Imposto Sobre Serviços de Qualquer Natureza

6.1. Arquétipo Constitucional

O artigo 156, inciso III, da CF/88, atribuiu aos Municípios a competência para instituição de Imposto Sobre Serviços de Qualquer Natureza (ISSQN), excetuados aqueles sujeitos à tributação pelo ICMS, nos moldes do artigo 155, inciso II, desde que previstos em lei complementar:

> Art. 156. Compete aos Municípios instituir impostos sobre:
>
> [...]
>
> III – serviços de qualquer natureza, não compreendidos no art. 155, II, definidos em lei complementar.
>
> [...]

Segundo Souto Maior Borges[38], nesse dispositivo constitucional, estamos diante de dois mandamentos, com dois destinatários nitidamente diversos, encerrados numa só formulação legislativa, num só dispositivo normativo. Vejamos:

> *a)* o primeiro destinatário é o Município, que pode tributar quaisquer serviços;
>
> *b)* o segundo destinatário é o Congresso Nacional, que, mediante leis complementares, pode definir os serviços compreendidos na competência do

[38] Borges, Souto Maior. **Lei Complementar Tributária**. São Paulo: RT, 1975, pp. 198 a 199.

Distrito Federal e dos Estados, bem como explicar o conteúdo implícito dos preceitos constitucionais que dispõem sobre a competência dos Estados para tributar, acessoriamente às operações mercantis, atividades que, da perspectiva pré-jurídica, podem parecer serviço (ensejando, em tese, o que se convencionou designar por conflito de competência tributária).

No mesmo sentido, são os dizeres de Aires F. Barreto[39]:

> Assim, a regra é a competência municipal; exceção é a estadual. É mais lógico requerer-se norma para definir a exceção do que para definir a regra, especialmente quando a regra está tão clara no próprio Texto Constitucional (art. 156, III). É da técnica legislativa corrente que o geral, o abrangente 'qualquer' – por ser universal – não requer definição, a não ser delimitativa, como é o caso. Daí ser lógico que 'definidos' serão os serviços tributáveis pelos Estados.

Assim, é possível identificar do texto constitucional o critério material (verbo/núcleo: prestar serviços) e parte do critério pessoal (sujeito ativo: Municípios) da regra-matriz de incidência tributária, uma vez que o sujeito passivo da obrigação tributária (que pode ser o contribuinte ou o responsável da prestação de serviços) não está previsto na CF/88, mas, sim, na legislação infraconstitucional.

Por sua vez, em relação aos demais critérios (quantitativo, espacial e temporal), o texto constitucional os atribuiu à lei complementar; é o que dispõe o parágrafo 3º, do artigo 156, da Constituição Federal de 1988:

> Art. 156. [...]
>
> [...]
>
> § 3º Em relação ao imposto previsto no inciso III do *caput* deste artigo, cabe à lei complementar:
>
> I – fixar as suas alíquotas máximas e mínimas;
>
> II – excluir da sua incidência exportações de serviços para o exterior.
>
> III – regular a forma e as condições como isenções, incentivos e benefícios fiscais serão concedidos e revogados. [...]

[39] BARRETO, Aires Fernandino. **ISS na Constituição e na Lei**. São Paulo: Dialética, 2003, p. 40.

Aqui é necessário fazer um esclarecimento quanto à expressão *"definidos em lei complementar"*, contida no inciso III, do artigo 156, da Constituição. Isso porque, como assevera Aires Fernandino Barreto[40]:

> A *expressão definidos em lei complementar* não autoriza conceituar como serviço o que serviço não é. Admitir que o possa equivale a supor que, a qualquer momento a lei complementar possa dizer que é serviço a operação mercantil, a industrialização, a operação financeira, a venda civil, a cessão de direitos. Em outras palavras, que a lei complementar possa, a seu talante, modificar a CF; que a limitação posta pela CF à competência municipal para só tributar atividades configuradoras de serviço, não tem a menor relevância; que pode ser desobedecida pela lei complementar.
>
> A lei complementar tem que se cingir a definir ou a listar atividades que, indubitavelmente, configurem serviço. Será inconstitucional toda e qualquer legislação que pretenda ampliar o conceito de serviço constitucionalmente posto, para atingir quaisquer outros fatos (iluminados pelos contratos respectivos). (Destaques do original)

Corroboram os dizeres do Professor Manoel Gonçalves Ferreira Filho[41] acerca da questão: *"a lei complementar não pode contradizer a Constituição. Não é outra forma de emenda constitucional. [...] Daí decorre que pode incidir em inconstitucionalidade e ser, por isso, inválida."*

6.2. Legislação Complementar

Com a promulgação da Emenda Constitucional nº 18, em 1º de dezembro de 1965, o Brasil teve aperfeiçoado o seu sistema tributário, sob o ponto de vista técnico-jurídico e econômico.

O artigo 12, da referida Emenda Constitucional, criou o Imposto sobre Circulação de Mercadorias (bens materiais), de competência dos Estados, de caráter não-cumulativo, como o sistema adotado por vários países europeus liderados pela França, enquanto o artigo 15 criou o Imposto Sobre Serviços (bens imateriais), de competência dos Municípios, os quais, respectivamente, dispunham:

[40] Barreto, Aires Fernandino. **ISS na Constituição e na Lei**. São Paulo: Dialética, 2003, p. 108.

[41] Ferreira Filho, Manoel Gonçalves. **Do Processo Legislativo**. São Paulo: Saraiva, 1977, p. 210.

> Art. 12. Compete aos Estados o impôsto sôbre operações relativas à circulação de mercadorias, realizadas por comerciantes, industriais e produtores.
>
> § 1º A alíquota do impôsto é uniforme para tôdas as mercadorias, não excedendo, nas operações que as destinem a outro Estado, o limite fixado em resolução do Senado Federal, nos têrmos do disposto em lei complementar.
>
> § 2º O impôsto é não-cumulativo, abatendo-se, em cada operação, nos têrmos do disposto em lei complementar, o montante cobrado nas anteriores, pelo mesmo ou por outro Estado, e não incidirá sôbre a venda a varejo, diretamente ao consumidor, de gêneros de primeira necessidade, definidos como tais por ato do Poder Executivo Estadual.
>
> Art. 15. Compete aos Municípios o impôsto sôbre serviços de qualquer natureza, não compreendidos na competência tributária da União e dos Estados.
>
> Parágrafo único. Lei complementar estabelecerá critérios para distinguir as atividades a que se refere êste artigo das previstas no art. 12.

Como etapa necessária à reforma iniciada pela Emenda Constitucional nº 18, de 1º de dezembro de 1965, entra em vigor, em 1º de janeiro de 1967, a Lei nº 5.172, de 25 de outubro de 1966, que, em seu artigo 71, objetivando distinguir as atividades estabelecidas no artigo 12 do artigo 15 da Emenda Constitucional nº 18/65, de modo a evitar conflito de competência entre os Municípios e os Estados, ou com a União Federal:

> Art. 71. O imposto de competência dos Municípios, sobre serviços de qualquer natureza, tem como fato gerador a prestação, por empresa ou profissional autônomo, com ou sem estabelecimento fixo, de serviço que não configure, por si só, fato gerador de imposto de competência da União ou dos Estados.
>
> § 1º Para os efeitos deste artigo, considera-se serviço:
>
> I – o fornecimento de trabalho, com ou sem utilização de máquinas, ferramentas ou veículos, a usuários ou consumidores finais;
>
> II – a locação de bens móveis;
>
> III – locação de espaço em bens imóveis, a título de hospedagem ou para guarda de bens de qualquer natureza.
>
> IV – Jogos e diversões públicas.
>
> [...]

A Constituição Federal que entrou em vigor em 15 de março de 1967, estabeleceu, em seu artigo 15, inciso II, a exigência de lei complementar para definir os serviços. Tal preceito foi repetido na Emenda Constitucional nº 1, de 17 de outubro de 1969, vigorando a partir de 30 de outubro daquele ano.

Em 31 de dezembro de 1968, foi editado o Decreto-lei nº 406, que, por sua vez, reformulou o ISS e foi reconhecido pela doutrina e jurisprudência como lei complementar, em razão da matéria de que tratou.

O mencionado Decreto-lei nº 406/68 estabeleceu, em seu artigo 8º, que *"o imposto, de competência dos Municípios, sobre serviços de qualquer natureza, tem como fato gerador a prestação, por empresa ou profissional autônomo, com ou sem estabelecimento fixo, de serviço constante da lista anexa"*. Tal lista tinha 29 itens.

Com a publicação do Decreto-lei nº 834, em 8 de setembro de 1969, a lista de serviços foi ampliada, passando a vigorar com 66 itens. Posteriormente, foi acrescentado o item 67 pela Lei nº 7.192, de 5 de junho de 1984, relativamente aos profissionais de relações públicas.

Cumpre ressaltar que, o acréscimo desse item 67 foi feito por lei ordinária, o que descumpriu o então vigente artigo 24, inciso II, da Constituição Federal de 1969, que exigia lei complementar para disciplinar o assunto.

Em 15 de dezembro de 1987, foi publicada a Lei Complementar nº 56, que deu nova redação à lista de serviços a que se refere o artigo 8º do Decreto-lei nº 406/68, ampliando-a para 100 itens.

Com advento da Constituição Federal de 1988, o Decreto-lei nº 406/68 foi recepcionado pela nova ordem constitucional, devendo os serviços serem definidos em lei complementar, conforme visto no item anterior deste trabalho.

O novo texto, que atribuiu competência aos Municípios para instituir o ISSQN sofreu modificação, segundo a qual são tributos os *"serviços de qualquer natureza, não compreendidos no art. 155, inciso I, letra* b*"*.

> Art. 156. Compete aos Municípios instituir impostos sobre:
>
> I – propriedade predial e territorial urbana;
>
> II – transmissão 'inter vivos', a qualquer título, por ato oneroso, de bens imóveis, por natureza ou acessão física, e de direitos reais sobre imóveis, exceto os de garantia, bem como cessão de direitos a sua aquisição;
>
> III – vendas a varejo de combustíveis líquidos e gasosos, exceto óleo diesel;
>
> IV – serviços de qualquer natureza, não compreendidos no art. 155, I, *b*, definidos em lei complementar.

O inciso III, teve nova redação, dada pela Emenda Constitucional nº 3/1993, enquanto que o inciso IV, foi revogado pela mesma Emenda Constitucional. Desse modo, a atual redação do disposto no artigo 156, inciso III, da CF/88 está assim:

> Art. 156. Compete aos Municípios instituir impostos sobre:
> I – propriedade predial e territorial urbana;
> II – transmissão 'inter vivos', a qualquer título, por ato oneroso, de bens imóveis, por natureza ou acessão física, e de direitos reais sobre imóveis, exceto os de garantia, bem como cessão de direitos a sua aquisição;
> III – serviços de qualquer natureza, não compreendidos no art. 155, II, definidos em lei complementar. (Redação dada pela Emenda Constitucional nº 3, de 1993)
> IV – (Revogado pela Emenda Constitucional nº 3, de 1993)

Em 22 de dezembro de 1999, foi editada a Lei Complementar nº 100, que incluiu o item 101, na Lista de Serviços anexa ao Decreto-lei nº 406/68, que dispunha:

> 101. Exploração de rodovia mediante cobrança de preço dos usuários, envolvendo execução de serviços de conservação, manutenção, melhoramentos para adequação de capacidade e segurança de trânsito, operação, monitoração, assistência aos usuários e outros definidos em contratos, atos de concessão ou de permissão ou em normas oficiais.

Posteriormente, foi editada a Lei Complementar nº 116, de 31 de julho de 2003, a qual revogou, expressamente, os artigos 8º, 10º, 11 e 12, todos do Decreto-lei nº 406/68, bem como a Lei Complementar nº 56/87. Tal Lei Complementar, com alterações trazidas pela Lei Complementar nº 157, de 29 de dezembro de 2016, estabelece Lista com 40 itens sujeitos à tributação. Ou seja, não é que a Lista de Serviços do ISSQN tenha diminuído, é que cada item da referida Lista, possui uma gama de subitens, os quais, se somados, ultrapassam os itens da Lista de Serviços anexa ao Decreto-lei nº 406/68.

Conforme preconiza o artigo 1º da Lei Complementar nº 116/2003, o ISSQN *"tem como fato gerador a prestação de serviços constantes da lista anexa, ainda que esses não se constituam como atividade preponderante do prestador."*

Ainda em relação ao fato gerador, dispõe o parágrafo 1º, do artigo 1º, da Lei Complementar nº 116/2003, que *"O imposto incide também sobre o serviço proveniente do exterior do País ou cuja prestação se tenha iniciado no exterior do País".*

O parágrafo 2º, do mesmo texto normativo, pois fim ao conflito de competência tributária vertical[42], entre Estados-membros e Municípios, pois definiu fronteira clara entre o ISSQN e o ICMS, prescrevendo que:

> Art. 1º O Imposto Sobre Serviços de Qualquer Natureza, de competência dos Municípios e do Distrito Federal, tem como fato gerador a prestação de serviços constantes da lista anexa, ainda que esses não se constituam como atividade preponderante do prestador.
>
> § 1º. [...]
>
> § 2º. *Ressalvadas as exceções expressas na lista anexa, os serviços nela mencionados não ficam sujeitos ao Imposto Sobre Operações Relativas à Circulação de Mercadorias e Prestações de Serviços de Transporte Interestadual e Intermunicipal e de Comunicação – ICMS, ainda que sua prestação envolva fornecimento de mercadorias.*
>
> § 3º O imposto de que trata esta Lei Complementar incide ainda sobre os serviços prestados mediante a utilização de bens e serviços públicos explorados economicamente mediante autorização, permissão ou concessão, com o pagamento de tarifa, preço ou pedágio pelo usuário final do serviço.
>
> § 4º A incidência do imposto não depende da denominação dada ao serviço prestado. (Grifos nossos)

Da análise do aludido parágrafo 2º, é possível concluir que (i) incide ICMS quando a Lista de Serviços prevê expressamente essas exceções; (ii) não incide ICMS sobre os serviços mencionados expressamente na Lista de Serviços Anexa à Lei Complementar nº 116/2003; e que (iii) incide ISSQN sobre serviços listados, ainda que sua prestação envolva fornecimento de mercadorias.

No que tange à Lista de Serviços, atualmente anexa à Lei Complementar nº 116/2003, insta relembrar que o STF, com repercussão geral reconhecida, já decidiu que esta é taxativa, de modo que é vedado aos Municípios editarem leis complementares próprias com finalidade de ampliar a Lista de Serviços do ISSQN. Veja:

> TRIBUTÁRIO. IMPOSTO SOBRE SERVIÇOS – ISS. ARTIGO 156, III, DA CONSTITUIÇÃO FEDERAL. *LISTA DE SERVIÇOS. DECRETO-LEI*

[42] SCHOUERI, Luís Eduardo. **Direito Tributário.** 7ª ed., São Paulo: Saraiva, 2017, p. 286.

406/1968 E LC 116/2003. TAXATIVIDADE. EXISTÊNCIA DE REPERCUSSÃO GERAL.

(RE 615580 RG, Relator(a): Min. ELLEN GRACIE, julgado em 13/08/2010, DJe-154 DIVULG 19-08-2010 PUBLIC 20-08-2010 EMENT VOL-02411-05 PP-01151 RTFP v. 18, n. 94, 2010, p. 452-454) (Destaques nossos)

Corroborando a questão de que a lista de serviços tributáveis constantes da legislação é taxativa, é importante citar o Recurso Extraordinário nº 77.183/SP, julgado pelo Tribunal Pleno do STF, sob relatoria do Ministro Aliomar Baleeiro (RE n. 77.183/SP j. 19.4.74, *RTJ* 73/490):

IMPOSTO MUNICIPAL DE SERVIÇOS. BANCOS.

I. A SÚMULA N. 79 E ANTERIOR A EMENDA CONSTITUCIONAL N. 18/1965 E A CF DE 1967, QUE RESERVARAM A UNIÃO O IMPOSTO SOBRE OPERAÇÕES DE CRÉDITO, CAMBIO E TITULOS MOBILIARIOS; E AOS MUNICÍPIOS O IMPOSTO DE SERVIÇOS, EXCETUADOS OS DA COMPETÊNCIA DA UNIÃO E DOS ESTADOS.

II. A JURISPRUDÊNCIA DO STF JA ASSENTOU POR VEZES, QUE NÃO E LEGITIMO O IMPOSTO MUNICIPAL DE SERVIÇOS SOBRE OPERAÇÕES BANCARIAS, DESDE A EMENDA N. 18 E A CF DE 1967.

(RE 77183, Relator(a): Min. ALIOMAR BALEEIRO, Tribunal Pleno, julgado em 19/04/1974, DJ 04-10-1974 PP-07255 EMENT VOL-00961-01 PP-00278)

Em contrapartida, embora tenha entendido que a Lista de Serviços do ISSQN é taxativa, o Poder Judiciário decidiu, sob a sistemática de recursos repetitivos, que referida Lista de Serviços admite interpretação extensiva, consoante se verifica do julgado abaixo do STJ:

TRIBUTÁRIO. SERVIÇOS BANCÁRIOS. ISS. LISTA DE SERVIÇOS. TAXATIVIDADE. INTERPRETAÇÃO EXTENSIVA.

1. **A jurisprudência desta Corte firmou entendimento de que é taxativa a Lista de Serviços** anexa ao Decreto-lei 406/68, **para efeito de incidência de ISS, admitindo-se, aos já existentes apresentados com outra nomenclatura, o emprego da interpretação extensiva para serviços congêneres.**

2. Recurso especial não provido. Acórdão sujeito ao regime do art. 543-C do CPC e da Resolução STJ 08/08.

(REsp 1111234/PR, Rel. Ministra ELIANA CALMON, PRIMEIRA SEÇÃO, julgado em 23/09/2009, DJe 08/10/2009) (Destaques nossos)

No mesmo sentido, já havia decidido o STF há muitos anos atrás que é admitida a interpretação ampla e analógica da lista de serviços do ISSQN, quando do julgamento do Recurso Extraordinário nº 75.952/SP, 2ª. Turma, relator Min. Thompson Flores (j. 29.1073, *RTJ* 68/198):

> CARTOES DE CRÉDITO. IMPOSTO DE LICENCA. A ELE ESTAO SUJEITAS AS ENTIDADES QUE OS EMITEM, FACE A NATUREZA DAS OPERAÇÕES QUE DE SUA EXPEDIÇÃO SE ORIGINOU.
>
> II. APLICAÇÃO DO DECRETO-LEI N.406/68, COM A REDAÇÃO QUE LHE ATRIBUIU O DECRETO-LEI N..... 834/69, ART.3, VIII. III. A LISTA A QUE SE REFEREM O ART.24, II DA CONSTITUIÇÃO, E 8 DO DECRETO-LEI N. 83/69 **É TAXATIVA, EMBORA CADA ITEM DA RELAÇÃO COMPORTE INTERPRETAÇÃO AMPLA E ANALOGICA**.
>
> IV. RECURSO EXTRAORDINÁRIO NÃO CONHECIDO.
>
> (RE 75952, Relator(a): Min. THOMPSON FLORES, Segunda Turma, julgado em 29/10/1973, DJ 02-01-1974 PP-00014 EMENT VOL-00934-04 PP-01340) (Destaques nossos)

Assim, embora seja vedado aos Municípios sujeitarem à tributação outros serviços por meio de leis complementares municipais, além daqueles já existentes e apresentados na Lista de Serviços Anexa à Lei Complementar nº 116/2003, é possível que referida lista tenha interpretação extensiva, desde que para serviços congêneres, ou seja, serviços semelhantes, iguais ou do mesmo gênero.

Em relação ao presente estudo, que pretende identificar qual tributo deve incidir na atividade de confecção, impressão e fornecimento de *smart cards*, mormente os cartões bancários, a Lei Complementar nº 116/2003, com nova redação dada pela Lei Complementar nº 157/2016, prevê a incidência de ISSQN sobre atividades de "composição gráfica", bem como de "fornecimento de Cartões Bancários", mais especificamente nos itens 13.05 e 15.14 da Lista de Serviços anexa à aludida Lei Complementar. Veja-se:

> 13.05 – Composição gráfica, inclusive confecção de impressos gráficos, fotocomposição, clicheria, zincografia, litografia e fotolitografia, exceto se destinados a posterior operação de comercialização ou industrialização, ainda que incorporados, de qualquer forma, a outra mercadoria que deva ser objeto de posterior circulação, tais como bulas, rótulos, etiquetas, caixas, cartuchos,

embalagens e manuais técnicos e de instrução, quando ficarão sujeitos ao ICMS. (Redação dada pela Lei Complementar nº 157, de 2016)

15.14 – Fornecimento, emissão, reemissão, renovação e manutenção de cartão magnético, cartão de crédito, cartão de débito, cartão salário e congêneres.

Assim, embora estejam previstos na Lista de Serviços anexa à Lei Complementar nº 116/2003, resta saber se tais *smart cards* são, ou não, mercadorias, passíveis de incidência de ICMS. Tal questão será analisada em tópico próprio do presente trabalho.

6.3. Legislação Municipal de São Paulo

O ISSQN do Município de São Paulo, atualmente, é regulado pelo Decreto Municipal nº 53.151, de 17 de maio de 2012 (Regulamento do ISSQN), e seu artigo 1º, *caput*, tem redação semelhante ao artigo 1º da Lei Complementar nº 116/2003, ao dispor: *"Art. 1º O Imposto Sobre Serviços de Qualquer Natureza – ISS tem como fato gerador a prestação de serviços constantes da seguinte lista, ainda que não constitua a atividade preponderante do prestador: (...)"*.

Nesse passo, o Regulamento do ISSQN reproduz a lista anexa à Lei Complementar nº 116/2003, com todos os seus itens e subitens e, portanto, submete à tributação pelo ISSQN no Município de São Paulo somente os serviços constantes da referida lista.

Da mesma forma, a redação do parágrafo segundo, do artigo 1º, do Regulamento do ISSQN, não dá margem a interpretação diversa de que poderia haver incidência de ICMS, mas somente incidência do imposto municipal sobre os serviços especificados na Lista de Serviços, tal como determina o parágrafo segundo do artigo 1º da Lei Complementar nº 116/2003, pois estabelece que *"§ 2º Os serviços especificados na lista do 'caput' deste artigo ficam sujeitos ao Imposto, ainda que a respectiva prestação envolva fornecimento de mercadorias, ressalvadas as exceções expressas na referida lista."*

Assim, as considerações previstas no parágrafo segundo do artigo 1º da Lei Complementar nº 116/2003 se aplicam ao parágrafo segundo, do artigo 1º, do Decreto Municipal nº 53.151/2012.

Ainda no que tange à hipótese de incidência do ISSQN, importa reproduzir as palavras de Aires Fernandino Barreto[43], inclusive ao citar Alfredo Augusto Becker:

[43] BARRETO, Aires Fernandino. **ISS na Constituição e na Lei**. São Paulo: Dialética, 2003, p. 225.

A norma jurídica que cria o tributo não está estruturada de modo diverso das demais normas jurídicas. Como toda norma jurídica, possui uma hipóteses (ou suposto, ou descritor) à qual é imputada uma consequência (mandamento ou prescrição, ou estatuição).

É de Becker a advertência, reiterada por juristas dedicados ao estudo do tributo, no sentido de que:

'A hipótese de incidência ("fato gerador', 'fattispecie', 'hecho imponible', suporte fático) não é especificidade da regra jurídica tributária. A regra jurídica tributária tem estrutura lógica e atuação dinâmica idêntica a qualquer outra regra jurídica'[44].

Com relação ao sujeito passivo do ISSQN, em linha com o que preconiza a Lei Complementar nº 116/2003, dispõe o artigo 5º do Decreto Municipal nº 53.151, de 17 de maio de 2012, que o contribuinte do imposto é o prestador do serviço. Porém, com a permissão outorgada pela legislação complementar, o Regulamento do ISSQN, por meio de seu artigo 6º, atribuiu a determinadas pessoas jurídicas/entidades tomadoras ou intermediadoras de determinados serviços a responsabilidade pelo recolhimento do ISS, devendo reter na fonte o seu valor, desde que tais pessoas jurídicas/entidades sejam estabelecidas no Município de São Paulo.

Ou seja, o Município de São Paulo atribuiu também a responsabilidade pelo recolhimento do ISSQN aos tomadores e intermediários de determinados serviços, executados por prestadores de serviços que emitam nota fiscal ou outro documento fiscal equivalente autorizado por outro município, desde que tais prestadores não estejam inscritos no *"Cadastro de Prestadores de Serviços de Outros Municípios"*.

Nesse sentido, é o que dispõe o artigo 69, do Decreto Municipal nº 53.151/2012:

Art. 69. O prestador de serviços que emitir nota fiscal ou outro documento fiscal equivalente autorizado por outro município ou pelo Distrito Federal, para tomador estabelecido no Município de São Paulo, referente aos serviços descritos nos itens 1, 2, 3 (exceto o subitem 3.04), 4 a 6, 8 a 10, 13 a 15, 17 (exceto os subitens 17.05 e 17.09), 18, 19 e 21 a 40, bem como nos subitens 7.01, 7.03, 7.06, 7.07, 7.08, 7.13, 7.18, 7.19, 7.20, 11.03 e 12.13, todos constantes

[44] BECKER, Alfredo Augusto, **Teoria Geral do Direito Tributário**. São Paulo: Saraiva, 1963, p. 238.

da lista do "caput" do artigo 1° deste regulamento, fica obrigado a proceder à sua inscrição em cadastro, na forma e demais condições estabelecidas pela Secretaria Municipal de Finanças.

Por sua vez, no que tange à base de cálculo do ISSQN, o artigo 17 do Decreto Municipal nº 53.151/2012 dispõe que *"Art. 17. A base de cálculo do Imposto é o preço do serviço, como tal considerada a receita bruta a ele correspondente, sem nenhuma dedução, excetuados os descontos ou abatimentos concedidos independentemente de qualquer condição."*

No que concerne à alíquota do ISSQN, esta pode variar entre 2% (dois por cento) e 5% (cinco por cento), dependendo do tipo de serviço, da seguinte forma:

> Art. 18. O valor do Imposto será calculado aplicando-se à base de cálculo a alíquota de:
>
> I – 2,0% (dois por cento) para os seguintes serviços:
>
> *a)* previstos nos itens 4 e 5 e nos subitens 1.04, 1.05, 2.01, 6.04, 8.01, 11.02, 11.03, 12.01, 12.03, 12.05, 13.04, 15.09, 15.14, 17.05 e 17.09 da lista do "caput" do artigo 1º deste regulamento;
>
> *b)* limpeza, manutenção e conservação de imóveis (inclusive fossas), previstos no subitem 7.10 25/71 da lista do "caput" do artigo 1º deste regulamento;
>
> *c)* corretagem de seguros
>
> *d)* balé, danças, óperas, concertos e recitais, previstos no subitem 12.07 da lista do "caput" do artigo 1º deste regulamento;
>
> *e)* venda de ingressos do Grande Prêmio Brasil de Fórmula 1, enquadrada no subitem 12.11 da lista do "caput" do artigo 1º deste regulamento;
>
> *f)* transporte público de passageiros realizado pela Companhia do Metropolitano de São Paulo – METRÔ, transporte de escolares e transporte por táxi (inclusive frota), previstos no subitem 16.01 da lista do "caput" do artigo 1º deste regulamento;
>
> *g)* atividades desenvolvidas por sapateiros remendões que trabalhem individualmente e por conta própria, enquadradas no subitem 14.01 da lista do "caput" do artigo 1º deste regulamento;
>
> *h)* atividades desenvolvidas pelas seguintes pessoas físicas não estabelecidas: desentupidor de esgotos e fossas e faxineiro, jardineiro, guarda-noturno e vigilante, afiador de utensílios domésticos, afinador de instrumentos musicais e engraxate, alfaiate e costureiro, datilógrafo, músico e artista circense,

enquadradas, respectivamente, nos subitens 7.10, 7.11, 11.02, 14.01, 14.09, 17.02 e 37.01 da lista do "caput" do artigo 1º deste regulamento;

i) administração de fundos quaisquer, de cartão de crédito ou débito e congêneres e de carteira de clientes, previstos no subitem 15.01 da lista do "caput" do artigo 1º deste regulamento;

j) atividades desenvolvidas pela Bolsa de Valores, Mercadorias e Futuros – BM&FBOVESPA S.A, enquadradas nos subitens 15.12, 15.15 e 15.16 da lista do "caput" do artigo 1º deste regulamento;

k) serviços previstos no subitem 21.01 da lista do "caput" do artigo 1º deste regulamento.

II – 3,0% (três por cento) para os serviços de suporte técnico em informática, inclusive instala- ção, configuração e manutenção de programas de computação e bancos de dados, previstos no subitem 1.07 da lista do "caput" do artigo 1º deste regulamento;

III – 5,0% (cinco por cento) para os demais serviços descritos na lista do "caput" do artigo 1º deste regulamento.

Por fim, em relação ao critério espacial da regra-matriz de incidência tributária, o artigo 3º do Regulamento do ISSQN estabelece que: *"Art. 3º O serviço considera-se prestado e o Imposto devido no local do estabelecimento prestador ou, na falta do estabelecimento, no local do domicílio do prestador (...)"*, exceto em algumas determinadas hipóteses previstas pelo referido regulamento, nas quais o ISSQN será devido, em regra, no local da prestação do serviço.

Capítulo 7
Conceitos Essenciais: Circulação de Mercadorias e Prestação de Serviços

7.1. O Alcance das Normas em Direito Tributário – Os artigos 109 e 110 do CTN

O Direito é dividido, inicialmente, em dois grandes ramos: Direito Público e Direito Privado, consoante a sua destinação. O Direito Público, por sua vez, subdivide-se em Interno e Externo.

Hely Lopes Meirelles[45] definiu Direito Público Interno e Externo, assim como Direito Privado, da seguinte forma:

> O *Direito Público Interno* visa a regular, precipuamente, os interesses estatais e sociais, cuidando só reflexamente da conduta individual. Reparte-se em *Direito Constitucional, Direito Administrativo, Direito Tributário, Direito Penal* ou *Criminal, Direito Processual* ou *Judiciário* (*Civil* e *Penal*), *Direito do Trabalho, Direito Eleitoral, Direito Municipal.* Esta subdivisão não é estanque, admitindo o despontar de outros ramos, com o evolver da Ciência Jurídica, que enseja, a cada dia, a especialização do Direito e a consequente formação de disciplinas autônomas, bem diversificadas de suas coirmãs.
>
> O *Direito Público Externo* destina-se a reger as relações entre os Estados Soberanos e as atividades individuais no plano internacional.
>
> O *Direito Privado* tutela predominantemente os interesses individuais, de modo a assegurar a coexistência das pessoas em sociedade e a fruição de

[45] MEIRELLES, Hely Lopes. **Direito Administrativo Brasileiro.** 42ª ed., São Paulo: Malheiros, 2016, p. 40.

seus bens, quer nas relações de indivíduo a indivíduo, quer nas relações do indivíduo com o Estado. Biparte-se o Direito Privado em *Direito Civil* e *Direito Comercial*. (Destaques do original)

No campo do Direito Tributário, o artigo 109 do CTN estabelece que *"Os princípios gerais de direito privado utilizam-se para pesquisa da definição, do conteúdo e do alcance de seus institutos, conceitos e formas, mas não para definição dos respectivos efeitos tributários."*

Segundo Ruy Barbosa Nogueira[46], referido dispositivo normativo estabelece que:

> [...] quando as categorias de Direito Privado estejam apenas referidas na lei tributária, o intérprete há de ingressar no Direito Privado para bem compreendê-las, porque neste caso elas continuam sendo institutos, conceitos e formas de puro Direito Privado, porque não foram alteradas pelo Direito Tributário, mas incorporadas sem alteração e portanto vinculantes dentro deste.

Por sua vez, Hugo de Brito Machado[47] assevera que:

> Os princípios gerais do direito privado, repita-se a norma do art. 109, utilizam-se para pesquisa de definição, do conteúdo e do alcance de seus institutos, conceitos e formas. Isto quer dizer que à luz desses princípios é que são definidos os institutos, os conceitos e as formas do direito privado que tenham sido empregados pela lei tributária.
>
> Mas não para definição dos respectivos efeitos tributários, diz o art. 109. E com isto quer dizer que a lei tributária pode atribuir os efeitos tributários que bem entender àqueles institutos, conceitos e formas.

Ou seja, referido dispositivo legal pretende fornecer, de forma geral, a diretriz para se definir os limites entre o Direito Privado e o Tributário, resguardando a autonomia deste.

Isso significa que, malgrado o legislador reconheça a competência das normas de Direito Civil e Comercial quanto à definição, conteúdo e alcance dos institutos, conceitos e formas, o legislador reconhece, também, que o

[46] NOGUEIRA, Ruy Barbosa. **Curso de Direito Tributário.** 4ª ed., São Paulo: Saraiva, 1995, p. 104.

[47] MACHADO, Hugo de Brito. **Comentários ao Código Tributário Nacional**. vol. II. artigos 96 a 138. São Paulo: Atlas, 2008, p. 203.

Direito Tributário pode atribuir expressamente efeitos diversos do ponto de vista tributário a tais conceitos e formas.

É inegável que o artigo 109 do CTN merece ser analisado conjuntamente com o artigo 110 do mesmo diploma legal, segundo o qual:

> Art. 110. A lei tributária não pode alterar a definição, o conteúdo e o alcance de institutos, conceitos e formas de direito privado, utilizados, expressa ou implicitamente, pela Constituição Federal, pelas Constituições dos Estados, ou pelas Leis Orgânicas do Distrito Federal ou dos Municípios, para definir ou limitar competências tributárias.

Em relação a este último dispositivo normativo, Aliomar Baleeiro[48] analisa-o da seguinte forma:

> Combinado com o art. 109, o art. 110 faz prevalecer o império do direito privado – civil ou comercial – quando à definição, conteúdo e alcance dos institutos, conceitos e formas daquele direito, sem prejuízo de o direito tributário modificar-lhes os efeitos fiscais [...]. Para maior clareza da regra interpretativa, o Código Tributário Nacional declara que a inalterabilidade das definições, conteúdo e alcance dos institutos, conceitos e formas de direito privado é estabelecida para resguardá-los no que interessa à competência tributária. O texto acotovela o pleonasmo para dizer que as definições e limites dessa competência, quando estatuídos à luz do direito privado, serão os deste, nem mais, nem menos.

Regina Helena Costa[49], analisando os artigos 109 e 110 do CTN, aduz que:

> O emprego, pela lei tributária, de conceitos de outros ramos jurídicos repercute na *definição da competência tributária.*
>
> O art. 109 estatui que, conquanto os princípios gerais de direito privado sejam utilizados para pesquisa e definição do conteúdo e do alcance de institutos, conceitos e formas no âmbito do direito tributário, a definição dos respectivos efeitos é de domínio exclusivo deste ramo do Direito e deverá ser feita de modo expresso.

[48] BALEEIRO, Aliomar. **Direito Tributário Brasileiro, atualizada por Misabel Abreu Machado Derzi.** 11ª ed., Rio de Janeiro: Forense, 2003, pp. 687 a 688.

[49] COSTA, Regina Helena. **Curso de Direito Tributário. Constituição e Código Tributário Nacional.** 3ª ed., São Paulo: Saraiva, 2013, pp. 181 a 182.

O art. 110, por sua vez, encerra, em verdade, duas normas. A primeira segundo a qual a lei tributária, em regra, pode modificar institutos, conceitos e formas de direito privado. A segunda, que a excepciona, consoante a qual os institutos, conceitos, e formas de direito privado que tenham sido utilizados, por lei hierarquicamente superior, para a definição da competência tributária, não podem ser modificados pela lei tributária. (Destaques do original)

Em resumo, embora o artigo 110 tenha vindo para especificar que a lei tributária não pode alterar os conceitos utilizados pela Constituição, pois caso contrário ter-se-ia que admitir que o legislador ordinário poderia modificar a competência tributária conferida aos entes políticos pelo Texto Constitucional, o Direito Tributário, sem alterar conceitos ou princípios de direito privado, pode atribuir-lhes efeitos próprios.

Ao analisar a jurisprudência, verificamos que esta está assentada na mesma linha dos doutrinadores ora citados. Nesse sentido, mister se faz reproduzir a ementa de julgado do STF, o qual demonstra que o alcance de alguns conceitos de direito privado previsto no texto constitucional não é condicionado de forma imutável pela legislação ordinária:

> EMENTA: RECURSO EXTRAORDINÁRIO. CONSTITUCIONAL. TRIBUTÁRIO. ISSQN. ART. 156, III, CRFB/88. CONCEITO CONSTITUCIONAL DE SERVIÇOS DE QUALQUER NATUREZA. ARTIGOS 109 E 110 DO CTN. AS OPERADORAS DE PLANOS PRIVADOS DE ASSISTÊNCIA À SAÚDE (PLANO DE SAÚDE E SEGURO-SAÚDE) REALIZAM PRESTAÇÃO DE SERVIÇO SUJEITA AO IMPOSTO SOBRE SERVIÇOS DE QUALQUER NATUREZA-ISSQN, PREVISTO NO ART. 156, III, DA CRFB/88.
>
> [...]
>
> 2. A coexistência de conceitos jurídicos e extrajurídicos passíveis de recondução a um mesmo termo ou expressão, onde se requer a definição de qual conceito prevalece, se o jurídico ou o extrajurídico, impõe não deva ser excluída, a priori, a possibilidade de o Direito Tributário ter conceitos implícitos próprios ou mesmo fazer remissão, de forma tácita, a conceitos diversos daqueles constantes na legislação infraconstitucional, mormente quando se trata de interpretação do texto constitucional.
>
> 3. O Direito Constitucional Tributário adota conceitos próprios, razão pela qual não há um primado do Direito Privado.

4. O art. 110, do CTN, não veicula norma de interpretação constitucional, posto inadmissível interpretação autêntica da Constituição encartada com exclusividade pelo legislador infraconstitucional.

5. O conceito de prestação de "serviços de qualquer natureza" e seu alcance no texto constitucional não é condicionado de forma imutável pela legislação ordinária, tanto mais que, de outra forma, seria necessário concluir pela possibilidade de estabilização com força constitucional da legislação infraconstitucional, de modo a gerar confusão entre os planos normativos.

6. O texto constitucional ao empregar o signo "serviço", que, a priori, conota um conceito específico na legislação infraconstitucional, não inibe a exegese constitucional que conjura o conceito de Direito Privado.

7. A exegese da Constituição configura a limitação hermenêutica dos arts. 109 e 110 do Código Tributário Nacional, por isso que, ainda que a contraposição entre obrigações de dar e de fazer, para fins de dirimir o conflito de competência entre o ISS e o ICMS, seja utilizada no âmbito do Direito Tributário, à luz do que dispõem os artigos 109 e 110, do CTN, novos critérios de interpretação têm progressivamente ampliado o seu espaço, permitindo uma releitura do papel conferido aos supracitados dispositivos.

8. A doutrina do tema, ao analisar os artigos 109 e 110, aponta que o CTN, que tem status de lei complementar, não pode estabelecer normas sobre a interpretação da Constituição, sob pena de restar vulnerado o princípio da sua supremacia constitucional.

9. A Constituição posto carente de conceitos verdadeiramente constitucionais, admite a fórmula diversa da interpretação da Constituição conforme a lei, o que significa que os conceitos constitucionais não são necessariamente aqueles assimilados na lei ordinária.

10. A Constituição Tributária deve ser interpretada de acordo com o pluralismo metodológico, abrindo-se para a interpretação segundo variados métodos, que vão desde o literal até o sistemático e teleológico, sendo certo que os conceitos constitucionais tributários não são fechados e unívocos, devendo-se recorrer também aos aportes de ciências afins para a sua interpretação, como a Ciência das Finanças, Economia e Contabilidade.

11. A interpretação isolada do art. 110, do CTN, conduz à prevalência do método literal, dando aos conceitos de Direito Privado a primazia hermenêutica na ordem jurídica, o que resta inconcebível. Consequentemente, deve-se promover a interpretação conjugada dos artigos 109 e 110, do CTN, avultando o método sistemático quando estiverem em jogo institutos e conceitos utili-

zados pela Constituição, e, de outro, o método teleológico quando não haja a constitucionalização dos conceitos.

12. A unidade do ordenamento jurídico é conferida pela própria Constituição, por interpretação sistemática e axiológica, entre outros valores e princípios relevantes do ordenamento jurídico.

13. Os tributos sobre o consumo, ou tributos sobre o valor agregado, de que são exemplos o ISSQN e o ICMS, assimilam considerações econômicas, porquanto baseados em conceitos elaborados pelo próprio Direito Tributário ou em conceitos tecnológicos, caracterizados por grande fluidez e mutação quanto à sua natureza jurídica.

[...]

28. Recurso extraordinário DESPROVIDO. (RE 651703, Relator(a): Min. LUIZ FUX, Tribunal Pleno, julgado em 29/09/2016, PROCESSO ELETRÔNICO DJe-086 DIVULG 25-04-2017 PUBLIC 26-04-2017)

O mesmo STF, ao julgar os Recursos Extraordinários nº 346.084, nº 357.950, nº 390.840 e nº 358.273, analisou os conceitos de receita bruta e faturamento e declarou a inconstitucionalidade do parágrafo 1º, do artigo 3º, da Lei nº 9.718, de 27 de novembro de 1998, em razão de tal dispositivo ter violado o artigo 195, inciso I, alínea "b" e parágrafo 4º, e artigo 154, inciso I, ambos da CF/88, bem como o artigo 110 do CTN, por entender que a Constituição previa a incidência da Contribuição para o Financiamento da Seguridade Social (COFINS) apenas sobre o faturamento das pessoas jurídicas, o qual foi definido pelo artigo 2º da Lei Complementar nº 70/91, em estrita obediência à Constituição Federal, comprovando que a lei tributária não pode alterar os conceitos utilizados pelo texto constitucional.

Confira-se, a respeito, a ementa do Recurso Extraordinário nº 346.084:

CONSTITUCIONALIDADE SUPERVENIENTE – ARTIGO 3º, § 1º, DA LEI Nº 9.718, DE 27 DE NOVEMBRO DE 1998 – EMENDA CONSTITUCIONAL Nº 20, DE 15 DE DEZEMBRO DE 1998. O sistema jurídico brasileiro não contempla a figura da constitucionalidade superveniente. TRIBUTÁRIO – INSTITUTOS – EXPRESSÕES E VOCÁBULOS – SENTIDO. A norma pedagógica do artigo 110 do Código Tributário Nacional ressalta a impossibilidade de a lei tributária alterar a definição, o conteúdo e o alcance de consagrados institutos, conceitos e formas de direito privado utilizados expressa ou implicitamente. Sobrepõe-se ao aspecto formal o princípio da realidade, considerados os elementos tributários. CONTRIBUIÇÃO SOCIAL – PIS

> – RECEITA BRUTA – NOÇÃO – INCONSTITUCIONALIDADE DO § 1º DO ARTIGO 3º DA LEI Nº 9.718/98. A jurisprudência do Supremo, ante a redação do artigo 195 da Carta Federal anterior à Emenda Constitucional nº 20/98, consolidou-se no sentido de tomar as expressões receita bruta e faturamento como sinônimas, jungindo-as à venda de mercadorias, de serviços ou de mercadorias e serviços. É inconstitucional o § 1º do artigo 3º da Lei nº 9.718/98, no que ampliou o conceito de receita bruta para envolver a totalidade das receitas auferidas por pessoas jurídicas, independentemente da atividade por elas desenvolvida e da classificação contábil adotada. (RE 346084, Relator(a): Min. ILMAR GALVÃO, Relator(a) p/ Acórdão: Min. MARCO AURÉLIO, Tribunal Pleno, julgado em 09/11/2005, DJ 01-09-2006 PP-00019 EMENT VOL-02245-06 PP-01170)

Desse modo, ao modificar conceito previamente estabelecido pela CF/88 e, por conseguinte, ampliar a base de cálculo de um tributo, a Lei nº 9.718/98 violou o disposto no artigo 110 do CTN.

Mas não é só. Outro precedente do STF que foi aplicado o artigo 110 do CTN, para julgar inconstitucional a exigência de imposto sobre serviços na *locação de bens móveis*, por extrapolar o conceito de *serviços*, é o caso do julgamento do Recurso Extraordinário nº 116.121.-3-SP, sob relatoria do Ministro Octavio Gallotti, cuja ementa ora se reproduz a seguir:

> TRIBUTO – FIGURINO CONSTITUCIONAL. A supremacia da Carta Federal é conducente a glosar-se a cobrança de tributo discrepante daqueles nela previstos. IMPOSTO SOBRE SERVIÇOS – CONTRATO DE LOCAÇÃO. A terminologia constitucional do Imposto sobre Serviços revela o objeto da tributação. Conflita com a Lei Maior dispositivo que imponha o tributo considerado contrato de locação de bem móvel. Em Direito, os institutos, as expressões e os vocábulos têm sentido próprio, descabendo confundir a locação de serviços com a de móveis, práticas diversas regidas pelo Código Civil, cujas definições são de observância inafastável – artigo 110 do Código Tributário Nacional. (RE 116121, Relator(a): Min. OCTAVIO GALLOTTI, Relator(a) p/ Acórdão: Min. MARCO AURÉLIO, Tribunal Pleno, julgado em 11/10/2000, DJ 25-05-2001 PP-00017 EMENT VOL-02032-04 PP-00669)

Referido julgado (RE nº 116.121.-3-SP), contudo, foi superado pelo mesmo STF, quando do julgamento do Recurso Extraordinário nº 651.703, de 29.09.2016, de relatoria do Ministro Luiz Fux, que, em sede de repercussão geral, estabeleceu premissas diferentes daquelas constantes do RE nº 116.121.-3-SP, ressuscitando, assim, o conceito de serviço como bem imaterial, ao analisar o conceito de serviços de qualquer natureza empregado na Constituição Federal de 1988 (artigo 156, III), a luz do que dispõem os artigos 109 e 110 do CTN, para firmar a tese de que *"As operadoras de planos de saúde e de seguro-saúde realizam prestação de serviço sujeita ao Imposto Sobre Serviços de Qualquer Natureza – ISSQN, previsto no art. 156, III, da CRFB/88"*, cuja ementa se faz necessário reproduzir na íntegra:

> EMENTA: RECURSO EXTRAORDINÁRIO. CONSTITUCIONAL. TRIBUTÁRIO. ISSQN. ART. 156, III, CRFB/88. **CONCEITO CONSTITUCIONAL DE SERVIÇOS DE QUALQUER NATUREZA. ARTIGOS 109 E 110 DO CTN.** AS OPERADORAS DE PLANOS PRIVADOS DE ASSISTÊNCIA À SAÚDE (PLANO DE SAÚDE E SEGURO-SAÚDE) REALIZAM PRESTAÇÃO DE SERVIÇO SUJEITA AO IMPOSTO SOBRE SERVIÇOS DE QUALQUER NATUREZA-ISSQN, PREVISTO NO ART. 156, III, DA CRFB/88.
>
> 1. O ISSQN incide nas atividades realizadas pelas Operadoras de Planos Privados de Assistência à Saúde (Plano de Saúde e Seguro-Saúde).
>
> 2. A coexistência de conceitos jurídicos e extrajurídicos passíveis de recondução a um mesmo termo ou expressão, onde se requer a definição de qual conceito prevalece, se o jurídico ou o extrajurídico, impõe não deva ser excluída, a priori, a possibilidade de o Direito Tributário ter conceitos implícitos próprios ou mesmo fazer remissão, de forma tácita, a conceitos diversos daqueles constantes na legislação infraconstitucional, mormente quando se trata de interpretação do texto constitucional.
>
> 3. **O Direito Constitucional Tributário adota conceitos próprios, razão pela qual não há um primado do Direito Privado.**
>
> 4. O art. 110, do CTN, não veicula norma de interpretação constitucional, posto inadmissível interpretação autêntica da Constituição encartada com exclusividade pelo legislador infraconstitucional.
>
> 5. **O conceito de prestação de 'serviços de qualquer natureza' e seu alcance no texto constitucional não é condicionado de forma imutável pela legislação ordinária, tanto mais que, de outra forma, seria necessário concluir pela possibilidade de estabilização com força constitucional da legislação infraconstitucional, de modo a gerar confusão entre os planos normativos.**

6. O texto constitucional ao empregar o signo 'serviço', que, a priori, conota um conceito específico na legislação infraconstitucional, não inibe a exegese constitucional que conjura o conceito de Direito Privado.

7. **A exegese da Constituição configura a limitação hermenêutica dos arts. 109 e 110 do Código Tributário Nacional, por isso que, ainda que a contraposição entre obrigações de dar e de fazer, para fins de dirimir o conflito de competência entre o ISS e o ICMS, seja utilizada no âmbito do Direito Tributário, à luz do que dispõem os artigos 109 e 110, do CTN, novos critérios de interpretação têm progressivamente ampliado o seu espaço, permitindo uma releitura do papel conferido aos supracitados dispositivos.**

8. A doutrina do tema, ao analisar os artigos 109 e 110, aponta que o CTN, que tem *status* de lei complementar, não pode estabelecer normas sobre a interpretação da Constituição, sob pena de restar vulnerado o princípio da sua supremacia constitucional.

9. A Constituição posto carente de conceitos verdadeiramente constitucionais, admite a fórmula diversa da interpretação da Constituição conforme a lei, o que significa que os conceitos constitucionais não são necessariamente aqueles assimilados na lei ordinária.

10. **A Constituição Tributária deve ser interpretada de acordo com o pluralismo metodológico, abrindo-se para a interpretação segundo variados métodos, que vão desde o literal até o sistemático e teleológico, sendo certo que os conceitos constitucionais tributários não são fechados e unívocos, devendo-se recorrer também aos aportes de ciências afins para a sua interpretação, como a Ciência das Finanças, Economia e Contabilidade.**

11. **A interpretação isolada do art. 110, do CTN, conduz à prevalência do método literal, dando aos conceitos de Direito Privado a primazia hermenêutica na ordem jurídica, o que resta inconcebível. Consequentemente, deve-se promover a interpretação conjugada dos artigos 109 e 110, do CTN, avultando o método sistemático quando estiverem em jogo institutos e conceitos utilizados pela Constituição, e, de outro, o método teleológico quando não haja a constitucionalização dos conceitos.**

12. A unidade do ordenamento jurídico é conferida pela própria Constituição, por interpretação sistemática e axiológica, entre outros valores e princípios relevantes do ordenamento jurídico.

13. Os tributos sobre o consumo, ou tributos sobre o valor agregado, de que são exemplos o ISSQN e o ICMS, assimilam considerações econômicas,

porquanto baseados em conceitos elaborados pelo próprio Direito Tributário ou em conceitos tecnológicos, caracterizados por grande fluidez e mutação quanto à sua natureza jurídica.

14. O critério econômico não se confunde com a vetusta teoria da interpretação econômica do fato gerador, consagrada no Código Tributário Alemão de 1919, rechaçada pela doutrina e jurisprudência, mas antes em reconhecimento da interação entre o Direito e a Economia, em substituição ao formalismo jurídico, a permitir a incidência do Princípio da Capacidade Contributiva.

15. A classificação das obrigações em 'obrigação de dar', de 'fazer' e 'não fazer', tem cunho eminentemente civilista, como se observa das disposições no Título 'Das Modalidades das Obrigações', no Código Civil de 2002 (que seguiu a classificação do Código Civil de 1916), em: (i) obrigação de dar (coisa certa ou incerta) (arts. 233 a 246, CC); (ii) obrigação de fazer (arts. 247 a 249, CC); e (iii) obrigação de não fazer (arts. 250 e 251, CC), não é a mais apropriada para o enquadramento dos produtos e serviços resultantes da atividade econômica, pelo que deve ser apreciada *cum grano salis.*

16. A Suprema Corte, ao permitir a incidência do ISSQN nas operações de leasing financeiro e *leaseback* (RREE 547.245 e 592.205), admitiu uma interpretação mais ampla do texto constitucional quanto ao conceito de 'serviços' desvinculado do conceito de 'obrigação de fazer' (RE 116.121), verbis: 'EMENTA: RECURSO EXTRAORDINÁRIO. DIREITO TRIBUTÁRIO. ISS. ARRENDAMENTO MERCANTIL. OPERAÇÃO DE LEASING FINANCEIRO. ARTIGO 156, III, DA CONSTITUIÇÃO DO BRASIL. O arrendamento mercantil compreende três modalidades, [i] o *leasing* operacional, [ii] o *leasing* financeiro e [iii] o chamado *leaseback*. No primeiro caso há locação, nos outros dois, serviço. A lei complementar não define o que é serviço, apenas o declara, para os fins do inciso III do artigo 156 da Constituição. Não o inventa, simplesmente descobre o que é serviço para os efeitos do inciso III do artigo 156 da Constituição. No arrendamento mercantil (leasing financeiro), contrato autônomo que não é misto, o núcleo é o financiamento, não uma prestação de dar. E financiamento é serviço, sobre o qual o ISS pode incidir, resultando irrelevante a existência de uma compra nas hipóteses do leasing financeiro e do *leaseback*. Recurso extraordinário a que se nega provimento.' (grifo nosso) (RE 592905, Relator Min. EROS GRAU, Tribunal Pleno, julgado em 02/12/2009).

17. A lei complementar a que se refere o art. 156, III, da CRFB/88, ao definir os serviços de qualquer natureza a serem tributados pelo ISS *a)* arrola

serviços por natureza; *b)* inclui serviços que, não exprimindo a natureza de outro tipo de atividade, passam à categoria de serviços, para fim de incidência do tributo, por força de lei, visto que, se assim não considerados, restariam incólumes a qualquer tributo; e *c)* em caso de operações mistas, afirma a prevalência do serviço, para fim de tributação pelo ISS.

18. O artigo 156, III, da CRFB/88, ao referir-se a serviços de qualquer natureza não os adstringiu às típicas obrigações de fazer, já que raciocínio adverso conduziria à afirmação de que haveria serviço apenas nas prestações de fazer, nos termos do que define o Direito Privado, o que contrasta com a maior amplitude semântica do termo adotado pela constituição, a qual inevitavelmente leva à ampliação da competência tributária na incidência do ISSQN.

19. A regra do art. 146, III, "a", combinado com o art. 146, I, CRFB/88, remete à lei complementar a função de definir o conceito "de serviços de qualquer natureza", o que é efetuado pela LC nº 116/2003.

20. A classificação (obrigação de dar e obrigação de fazer) escapa à *ratio* que o legislador constitucional pretendeu alcançar, ao elencar os serviços no texto constitucional tributáveis pelos impostos (v.g., serviços de comunicação – tributáveis pelo ICMS, art. 155, II, CRFB/88; serviços financeiros e securitários – tributáveis pelo IOF, art. 153, V, CRFB/88; e, residualmente, os demais serviços de qualquer natureza – tributáveis pelo ISSQN, art. 156. III, CRFB/88), qual seja, a de captar todas as atividades empresariais cujos produtos fossem serviços sujeitos a remuneração no mercado.

21. Sob este ângulo, o conceito de prestação de serviços não tem por premissa a configuração dada pelo Direito Civil, mas relacionado ao oferecimento de uma utilidade para outrem, a partir de um conjunto de atividades materiais ou imateriais, prestadas com habitualidade e intuito de lucro, podendo estar conjugada ou não com a entrega de bens ao tomador.

22. A LC nº 116/2003 imbricada ao *thema decidendum* traz consigo lista anexa que estabelece os serviços tributáveis pelo ISSQN, dentre eles, o objeto da presente ação, que se encontra nos itens 4.22 e 4.23, *verbis*: 'Art. 1º O Imposto Sobre Serviços de Qualquer Natureza, de competência dos Municípios e do Distrito Federal, tem como fato gerador a prestação de serviços constantes da lista anexa, ainda que esses não se constituam como atividade preponderante do prestador. (...) 4.22 – Planos de medicina de grupo ou individual e convênios para prestação de assistência médica, hospitalar, odontológica e congêneres. 4.23 – Outros planos de saúde que se cumpram através de servi-

ços de terceiros contratados, credenciados, cooperados ou apenas pagos pelo operador do plano mediante indicação do beneficiário.'

23. A exegese histórica revela que a legislação pretérita (Decreto-Lei nº 406/68) que estabelecia as normas gerais aplicáveis aos impostos sobre operações relativas à circulação de mercadorias e sobre serviços de qualquer natureza já trazia regulamentação sobre o tema, com o escopo de alcançar estas atividades.

24. A LC nº 116/2003 teve por objetivo ampliar o campo de incidência do ISSQN, principalmente no sentido de adaptar a sua anexa lista de serviços à realidade atual, relacionando numerosas atividades que não constavam dos atos legais antecedentes.

25. A base de cálculo do ISSQN incidente tão somente sobre a comissão, vale dizer: a receita auferida sobre a diferença entre o valor recebido pelo contratante e o que é repassado para os terceiros prestadores dos serviços, conforme assentado em sede jurisprudencial.

27. *Ex positis*, em sede de Repercussão Geral a tese jurídica assentada é: 'As operadoras de planos de saúde e de seguro-saúde realizam prestação de serviço sujeita ao Imposto Sobre Serviços de Qualquer Natureza – ISSQN, previsto no art. 156, III, da CRFB/88'.

28. Recurso extraordinário DESPROVIDO. (RE 651703, Relator(a): Min. LUIZ FUX, Tribunal Pleno, julgado em 29/09/2016, PROCESSO ELETRÔNICO REPERCUSSÃO GERAL – MÉRITO DJe-086 DIVULG 25-04-2017 PUBLIC 26-04-2017) (Destaques nossos)

Assim, considerando a redação dos artigos 109 e 110 do CTN, bem como o entendimento doutrinário e jurisprudencial acerca da matéria, sobretudo do STF, externado no julgamento Recurso Extraordinário nº 651.703, de 29.09.2016, que teve repercussão geral reconhecida, o qual, inclusive, contrastou com o que foi decidido por aquela Suprema Corte no julgamento do Recurso Extraordinário nº 116.121.-3-SP, podemos concluir que o Direito Tributário reconhece e utiliza-se de princípios, conceitos e formas do Direito Privado, podendo, todavia, atribuir-lhes efeitos diversos para fins tributários, desde que não viole dispositivos constitucionais, tampouco conceitos adotados pela CF/88 para a fixação da competência tributária.

7.2. Circulação, Mercadorias e Circulação de Mercadorias

A Constituição atribuiu aos Estados-membros e ao Distrito Federal, a competência para instituição de Imposto sobre Operações Relativas à Circulação de Mercadorias e sobre Prestações de Serviços de Transporte Interestadual e Intermunicipal e de Comunicação (ICMS), nos moldes do disposto em seu artigo 155, inciso II.

Ou seja, o imposto estadual previsto no artigo 155, inciso II, da CF/88 incide sobre mercadorias, desde que estas sejam circuladas no comércio, bem como sobre a prestação de serviços de transporte interestadual e intermunicipal e de comunicação.

Desse modo, necessário se faz conceituar o que vem a ser *operações*, *circulação* e *mercadorias*, a fim de definir o campo de incidência do ICMS.

> Operações, segundo José Eduardo Soares de Melo[50], *"configuram o verdadeiro sentido do fato juridicizado, a prática de ato jurídico como a transmissão de um direito (posse ou propriedade)"*.

No mesmo sentido, Geraldo Ataliba e Cleber Giardino[51] asseveram que: Operações são atos jurídicos; atos regulados pelo Direito como produtores de determinada eficácia jurídica; são atos juridicamente relevantes; circulação e mercadorias são, nesse sentido, adjetivos que restringem o conceito substantivo de operações.

Para Roque Antonio Carrazza[52]:

> [...] operação, circulação e mercadorias são conceitos profundamente interligados e complementares, que não podem ser analisados em separado, sem que o intérprete se dê conta de suas profundas inter-relações. Não interessa para delimitação da hipótese tributária nem a operação que seja inábil à transferência do domínio (como locação, comodato, arrendamento mercantil, consignação mercantil etc.); nem tampouco o contrato de compra e venda em si, isoladamente, que, embora perfeito, não transfere o domínio, quer no direito civil, quer no direito comercial, sem a tradição; assim, a circulação de mercadoria é conceito complementar importante porque representa a tradição da

50 MELO, José Eduardo Soares de. **ICMS Teoria e Prática**. 12ª ed., São Paulo: Dialética, 2012, p. 13.

51 ATALIBA, Geraldo. e GIARDINO, Cleber. **Núcleo da Definição Constitucional do ICM**, *in* Revista de Direito Tributário, vols. 25/26, p. 104.

52 CARRAZZA, Roque Antonio. **ICMS**. 16ª ed., São Paulo: Malheiros, 2012, pp. 56 a 57.

coisa, execução de um contrato translativo, movimentação que faz a transferência do domínio e configura circulação jurídica, marcada pelo animus de alterar a titularidade.

Hugo de Brito Machado[53], por sua vez, entende que "operações relativas à circulação de mercadorias, que há que ser entendida em seu conjunto, e não o significado de cada uma das palavras que a compõem."

Assim, para o citado autor[54]:

> Operações relativas à circulação de mercadorias são quaisquer atos ou negócios, independentemente da natureza jurídica específica de cada um deles, que implicam circulação de mercadorias, vale dizer, que implicam mudança da propriedade das mercadorias, dentro da circulação econômica que as leva da fonte até o consumidor.

No que concerne à Circulação, José Eduardo Soares de Melo[55] assevera que:

> "Circulação" é passagem das mercadorias de uma pessoa para outra, sob o manto de um título jurídico, equivale a declarar, à sombra de um ato ou de um contrato, nominado ou inominado. Movimentação, com mudança de patrimônio.

Para Geraldo Ataliba e Cleber Giardino[56]:

> *Circulação* é a expressão que deve ser entendida juridicamente. Do pondo de vista econômico, o termo é vago e impreciso; é, pois, imprestável para assegurar a objetividade e segurança específica do direito.
>
> [...]
>
> Circular significa para o Direito mudar de titular. Se um bem ou uma mercadoria mudam de titular, circula para efeitos jurídicos. Convenciona-se

[53] MACHADO, Hugo de Brito. **Curso de Direito Tributário.** 38ª ed., São Paulo: Malheiros Editores, 2017, p. 376.

[54] MACHADO, Hugo de Brito. **Curso de Direito Tributário.** 38ª ed., São Paulo: Malheiros Editores, 2017, p. 375.

[55] MELO, José Eduardo Soares de. **ICMS Teoria e Prática**. 12ª ed., São Paulo: Dialética, 2012, pp. 15 a 16.

[56] ATALIBA, Geraldo. e GIARDINO, Cleber. **Núcleo da Definição Constitucional do ICM**, *in* Revista de Direito Tributário, vol. 55, p. 111.

designar por titularidade de uma mercadoria, à circunstância de alguém deter poderes jurídicos de disposição sobre a mesma, sendo ou não seu proprietário (disponibilidade jurídica).

Mercadoria, por sua vez, que, na verdade, tem seu conceito formado pela lei comercial (ou empresarial) empregado no âmbito do Direito Societário, e não pode ser alterada pela legislação tributária, a teor do que dispõe o artigo 110 do CTN, significa o seguinte, nas palavras de Roque Antonio Carrazza[57]:

> Logo, *mercadoria*, para fins de tributação por via de ICMS, é o que a lei comercial assim considera (bem móvel corpóreo, que se submete à mercancia). Segue-se que não pode a lei dos Estados ou do Distrito Federal alterar este conceito, para fins tributários. Por quê? Porque esta não é matéria sob *reserva de lei tributária* (hipótese em que aí, sim, seria modificável pela própria entidade tributante).
>
> *V* – Mas nós vamos além: *mercadoria*, para fins de tributação por meio de ICMS, é um instituto que o Texto Magno de 1988, ao ser promulgado, encampou da lei comercial. Eventual mudança que este instituto venha a sofrer (por meio de lei ordinária federal) não operará efeitos nas hostes do direito tributário. Outro entendimento levaria à absurda conclusão de que está nas mãos do Congresso Nacional alterar, por meio de normas infraconstitucionais, a competência tributária dos Estados e do Distrito Federal (*v.g.*, 'permitindo', mediante a alteração do conceito de mercadoria para 'bem móvel ou imóvel negociado', que tributassem, por meio de ICMS, também as vendas imobiliárias).
>
> Temos, portanto, que o conceito de *mercadoria*, no que diz com o ICMS, há de ser entendido como o era em direito comercial, ao ensejo da entrada em vigor da Constituição Federal de 1988. A menos que um novo *Poder Constituinte Originário* se manifeste em contrário, mercadoria, tornamos a repetir, é o bem móvel, que se submete à mercancia, ou seja, que é colocado no mundo do comércio (*in commercium*), sendo submetido, pois, ao regime de direito mercantil, que se caracteriza, como ocorre magistério, pela autonomia das vontades e pela igualdade das partes contratantes. Tanto é mercadoria o gênero alimentício exposto à venda num supermercado, como a escultura

[57] CARRAZZA, Roque Antonio. **ICMS**. 16ª ed., São Paulo: Malheiros, 2012, p. 50.

que uma galeria de arte coloca em comércio, como, ainda, o relógio à venda na relojoaria. *Mercadoria*, enfim, é a *coisa fungível* (que se pode substituir por outra que tenha as mesmas características e sirva para satisfazer as mesmas necessidades) que se destina ao comércio. Continua sendo mercadoria o bem adquirido para ser vendido, mas só depois de submetido a processo de industrialização. (itálicos do original)

E o autor continua[58]:

> [...] o nascimento do dever de recolher ICMS encontra-se indissociavelmente ligado à concomitância dos seguintes pressupostos: *a)* a realização de operações (negócios jurídicos) mercantis; *b)* a circulação jurídica (transmissão da posse ou da propriedade); *c)* a existência de mercadoria enquanto objeto da operação; e *d)* o propósito de lucro imediato, com a entrega (*traditio*) da mercadoria.

Para José Eduardo Soares de Melo[59], mercadoria é assim conceituada:

> 'Mercadoria' é bem corpóreo da atividade empresarial do produtor, industrial e comerciante, tendo por objeto a sua distribuição para consumo, compreendendo-se no estoque da empresa e distinguindo-se das coisas que tenham qualificação diversa, segundo a ciência contábil, considerando, ainda, o fornecimento de energia elétrica (coisa incorpórea), conforme previsto no art. 155, § 3º, CF.

Noutra obra, José Eduardo Soares de Melo[60] conseguiu ser ainda mais detalhista a respeito do conceito de mercadoria:

> Por sua vez, as mercadorias representam basicamente bens corpóreos ou virtuais, da atividade mercantil do produtor, industrial ou comerciante, tendo por objeto a distribuição para consumo, compreendendo-se no estoque da empresa, distinguindo-se das coisas que tenham qualificação diversa, segundo a ciência contábil.

[58] CARRAZZA, Roque Antonio. **ICMS**. 16ª ed., São Paulo: Malheiros, 2012, p. 61.

[59] MELO, José Eduardo Soares de. **ICMS Teoria e Prática**. 12ª ed., São Paulo: Dialética, 2012, p. 18.

[60] MELO, José Eduardo Soares de. **ISS – Teoria e Prática**. 6ª ed., São Paulo: Malheiros Editores, 2017, pp. 51 a 52.

Pertinente a afirmativa de que: no Brasil, o conceito de mercadoria é de caráter legal e vinculado à finalidade de compra e venda; como se infere do art. 191 do Código Comercial [*revogado pelo Código Civil*] quando estatui que é unicamente considerada mercantil a compra e venda de efeitos moveis ou semoventes para revender por grosso ou a retalho, na mesma espécie ou manufaturados.

Este conceito sofreu maior abrangência constitucional ao submeter o fornecimento de energia elétrica (coisa incorpórea) ao âmbito de incidências do ICMS, enquadrando-se no espectro mercantil (art. 155, § 3º).

Os novos meios tecnológicos possibilitaram a configuração de mercadorias *virtuais*, mediante a utilização de *download*, em que se verifica o transporte de arquivos da rede mundial de computadores (internet) para outro computador, ou transferência de dados de um micro a outro micro, como ocorre no caso de aquisição de filmes, músicas etc.

Claramente demonstrou-se o seguinte: as coisas quando objeto da atividade mercantil, por outro lado quando objeto e troca de 'circulação econômica', tomam o nome de mercadorias. *Commercium quase commutatio mercium*. A coisa, enquanto se acha na disponibilidade do industrial, que a produz, chama-se produto, manufato ou artefato; **passa a ser mercadoria logo que é objeto de comércio do produtor ou do comerciante por grosso ou a retalho, que a adquire para revender a ouro comerciante ou ao consumidor; deixa de ser mercadoria logo que sai da circulação comercial e se acha no poder ou propriedade do consumidor**.

Os bens do ativo imobilizado (fixo ou permanente) revestem natureza distinta de mercadoria, porque, na linguagem contábil, identificam o agrupamento de contas onde se registram os recursos investidos em direitos que tenham por objeto os bens necessários à exploração do objeto social (capital fixo). As expressões são utilizadas em oposição ao ativo circulante.

Sinteticamente pode-se concluir que: não é qualquer bem que pode ser juridicamente qualificado como mercadoria. Essa qualificação depende de dois fatos, a saber: 1) a natureza do promotor da operação que a tem por objeto e 2) a destinação comercial que a ela se dá seu titular. (itálicos do original) (Destaques nossos)

Por seu turno, Hugo de Brito Machado[61] assim define mercadoria:

> Mercadorias são *coisas móveis*. São *coisas* porque bens corpóreos, que valem por si, e não pelo que representam. Coisas, portanto, em sentido restrito, no qual não se incluem os bens tais como os créditos, as ações, o dinheiro, entre outros. E coisas *móveis* porque em nosso sistema jurídico os imóveis recebem disciplinamento legal diverso, o que os exclui do conceito de mercadorias. A própria Constituição Federal, na partilha das competências impositivas, já determina sejam tratados diferentemente os bens imóveis, que não podem receber do legislador, complementar ou ordinário, o tratamento jurídico-tributário dispensado às mercadorias.

Para arrematar, tomemos novamente as palavras de Roque Antonio Carrazza[62]:

> *IV* – Logo, fato que não configure *operação mercantil*, isto é, que não implique mudança da propriedade de mercadoria, não pode ensejar a tributação por meio de ICMS. Qualquer lei – complementar ou ordinária – que disponha de modo diverso deve ser afastada, por inconstitucional.

Portanto, como bem exposto por Roque Antonio Carrazza, mercadoria é a coisa fungível, que se pode substituir por outra que tenha as mesmas características e sirva para satisfazer as mesmas necessidades, que se destina ao comércio. Nas palavras de José Souto Maior Borges[63], mercadoria é bem móvel corpóreo que se submete à mercancia.

Esses conceitos são de suma importância para identificar se, de fato, incide ou não ICMS, ainda que se trate de mercadoria. Tanto é verdade que o STF afastou a incidência de ICMS sobre importação de mercadoria mediante operação de arrendamento mercantil, por entender que não há

[61] MACHADO, Hugo de Brito. **Curso de Direito Tributário**. 38ª ed., São Paulo: Malheiros, 2017, p. 377.

[62] CARRAZZA, Roque Antonio. **ICMS**. 16ª ed., São Paulo: Malheiros, 2012, p. 63.

[63] "Mercadoria é o bem móvel, que está sujeito à mercancia, porque foi introduzido no processo econômico circulatório. Tanto que o que caracteriza, sob certos aspectos, a mercadoria é a destinação, porque aquilo que é mercadoria, no momento que se introduz no ativo fixo da empresa, perde essa característica de mercadoria, podendo ser reintroduzido no processo circulatório, voltando a adquirir, consequentemente, essa conotação de mercadoria." *In* BORGES, José Souto Maior. **Questões Tributárias**, 1ª ed., São Paulo: Resenha Tributária, 1975, p. 85.

circulação de mercadoria em aludido instituto, uma vez que no contrato de *leasing* não ocorre a transferência de propriedade do bem, tal como se pode verificar do julgado abaixo:

> EMENTA: RECURSO EXTRAORDINÁRIO. **ICMS. NÃO-INCIDÊNCIA. ENTRADA DE MERCADORIA IMPORTADA DO EXTERIOR.** ART. 155, II DA CB. LEASING DE AERONAVES E/OU PEÇAS OU EQUIPAMENTOS DE AERONAVES. OPERAÇÃO DE ARRENDAMENTO MERCANTIL.
>
> 1. A importação de aeronaves e/ou peças ou equipamentos que as componham em regime de leasing não admite posterior transferência ao domínio do arrendatário. 2. A circulação de mercadoria é pressuposto de incidência do ICMS. O imposto --- diz o artigo 155, II da Constituição do Brasil --- é sobre 'operações relativas à circulação de mercadorias e sobre prestações de serviços de transporte interestadual e intermunicipal e de comunicação, ainda que as operações e as prestações se iniciem no exterior'.
>
> 3. **Não há operação relativa à circulação de mercadoria sujeita à incidência do ICMS em operação de arrendamento mercantil contratado pela indústria aeronáutica de grande porte para viabilizar o uso, pelas companhias de navegação aérea, de aeronaves por ela construídas.**
>
> 4. Recurso Extraordinário do Estado de São Paulo a que se nega provimento e Recurso Extraordinário de TAM – Linhas Aéreas S/A que se julga prejudicado. (RE 461968, Relator(a): Min. EROS GRAU, Tribunal Pleno, julgado em 30/05/2007, DJe-087 DIVULG 23-08-2007 PUBLIC 24-08-2007 DJ 24-08-2007 PP-00056 EMENT VOL-02286-14 PP-02713 RDDT n. 145, 2007, p. 228 RDDT n. 146, 2007, p. 151-156) (Destaques nossos)

Assim, como visto, mais uma vez utilizando-se das palavras de Roque Antonio Carrazza[64], para fins de tributação por meio de ICMS, *"os conceitos de 'operação', 'circulação' e 'mercadorias' se interligam e complementam, de modo que se os três não se apresentam, no caso concreto, não há falar, sequer em tese, em incidência do gravame."*

7.3. Prestação, Serviços e Prestação de Serviços

A Constituição Federal de 1988 atribuiu aos Municípios a competência para instituição de Imposto Sobre Serviços de Qualquer Natureza (ISSQN),

[64] CARRAZZA, Roque Antonio. **ICMS.** 16ª ed., São Paulo: Malheiros, 2012, p. 43.

desde que tais serviços estejam previstos em lei complementar, bem como não estejam sujeitos à tributação pelo ICMS, nos moldes do artigo 155, inciso II, da CF/88.

Ou seja, todos os serviços definidos em lei complementar, desde que não sejam de transporte interestadual e intermunicipal (artigo 155, II, da CF/88), podem ser tributados pelos Municípios.

A Lei Complementar nº 116/2003, prevê, dentre outros, a incidência de ISSQN sobre atividades de *composição gráfica*, bem como de *fornecimento de cartões bancários*, mais especificamente nos itens 13.05 e 15.14 da Lista de Serviços anexa a ela. Veja-se:

> [...]
>
> 13.05 – Composição gráfica, inclusive confecção de impressos gráficos, fotocomposição, clicheria, zincografia, litografia e fotolitografia, exceto se destinados a posterior operação de comercialização ou industrialização, ainda que incorporados, de qualquer forma, a outra mercadoria que deva ser objeto de posterior circulação, tais como bulas, rótulos, etiquetas, caixas, cartuchos, embalagens e manuais técnicos e de instrução, quando ficarão sujeitos ao ICMS. (Redação dada pela Lei Complementar nº 157, de 2016)
>
> [...]
>
> 15.14 – Fornecimento, emissão, reemissão, renovação e manutenção de cartão magnético, cartão de crédito, cartão de débito, cartão salário e congêneres.
>
> [...]

Em relação à Lei Complementar nº 116/2003, importa esclarecer, desde já, que o STF já decidiu que a Lista de Serviços anexa à Lei Complementar nº 116/2003 é taxativa, de modo que é vedado aos Municípios editarem leis próprias com finalidade de ampliar o rol de serviços tributados atualmente em vigor. Veja:

> TRIBUTÁRIO. IMPOSTO SOBRE SERVIÇOS – ISS. ARTIGO 156, III, DA CONSTITUIÇÃO FEDERAL. **LISTA DE SERVIÇOS. DECRETO-LEI 406/1968 E LC 116/2003. TAXATIVIDADE. EXISTÊNCIA DE REPERCUSSÃO GERAL.**
>
> (RE 615580 RG, Relator(a): Min. ELLEN GRACIE, julgado em 13/08/2010, DJe-154 DIVULG 19-08-2010 PUBLIC 20-08-2010 EMENT VOL-02411-05 PP-01151 RTFP v. 18, n. 94, 2010, p. 452-454) (Destaques nossos)

Em contrapartida, embora tenha entendido que a Lista de Serviços Anexa à Lei Complementar Federal nº 116/2003 é taxativa, o Poder Judiciário decidiu, sob a sistemática de recursos repetitivos, que referida Lista de Serviços admite interpretação extensiva, consoante se verifica do julgado abaixo do STJ:

> TRIBUTÁRIO. SERVIÇOS BANCÁRIOS. ISS. LISTA DE SERVIÇOS. TAXATIVIDADE. INTERPRETAÇÃO EXTENSIVA.
> 1. **A jurisprudência desta Corte firmou entendimento de que é taxativa a Lista de Serviços** anexa ao Decreto-lei 406/68, **para efeito de incidência de ISS, admitindo-se, aos já existentes apresentados com outra nomenclatura, o emprego da interpretação extensiva para serviços congêneres.**
> 2. Recurso especial não provido. Acórdão sujeito ao regime do art. 543-C do CPC e da Resolução STJ 08/08.
> (REsp 1111234/PR, Rel. Ministra ELIANA CALMON, PRIMEIRA SEÇÃO, julgado em 23/09/2009, DJe 08/10/2009) (Destaques nossos)

Assim, embora seja vedado aos Municípios estabelecerem a tributação de serviços além daqueles e apresentados na Lista de Serviços anexa à Lei Complementar nº 116/2003, é possível que referida lista tenha interpretação extensiva, desde que para serviços congêneres, ou seja, serviços semelhantes, iguais ou do mesmo gênero.

Mas o que vem a ser serviço? E prestação de serviço?

Pois bem. O Código Civil de 2002, assim como o anterior de 1916, não define e não traz o conceito de serviço. Referido conceito, todavia, é encontrado no Código de Defesa do Consumidor (CDC), mais precisamente no parágrafo 2º, do artigo 3º, que estabelece que:

> [...]
> § 2° Serviço é qualquer atividade fornecida no mercado de consumo, mediante remuneração, inclusive as de natureza bancária, financeira, de crédito e securitária, salvo as decorrentes das relações de caráter trabalhista.

Conforme aduzem Geraldo Ataliba e Aires Fernandino Barreto[65]:

> Dado que a Constituição Federal atribuiu aos Municípios competência para instituir imposto sobre "serviços de qualquer natureza, não compreen-

[65] ATALIBA, Geraldo e BARRETO, Aires Fernandino – *in* **ISS e Locação – Conceito Constitucional de Serviço – Locação Não é Serviço: Não Pode a Lei Assim Considerá-la Para Efeitos Tributários.** Revista dos Tribunais, maio de 1987. Vol. 619. p. 8.

didos na competência tributária da União ou dos Estados", é de elementar evidência que circunscreveu esse *âmbito de competência aos fatos incluídos no conceito de "serviço"* (Elizabeth Nazar Carrazza).

E esse conceito empregado pela Constituição Federal para discriminar (identificar, demarcar) essa determinada esfera de competência *é um conceito do Direito Privado* (Mizabel Derzi, Sacha Calmon). Assim, é indispensável – para reconhecer-se a precisa configuração dessa competência – verificar o que significa, *no Direito Privado, o conceito de "serviço"*. (Itálicos do original)

Nesse sentido, segundo Aires Fernandino Barreto[66]:

A essência do aspecto material da hipótese de incidência do ISS não está no termo "serviço" isoladamente considerado, mas na atividade humana que dele decorre, vale dizer, em prestar serviço. Essa síntese abriga um verbo e respectivo complemento, permitindo isolar o critério material dos demais.

Prestar serviço, por sua vez, indica, na técnica jurídica, atividade em proveito alheio. É que a prestação de atividade em benefício próprio não exterioriza riqueza, nem capacidade contributiva. E, como visto, a Constituição só arrolou arquétipos evidenciadores de riqueza. É incompatível com a estrutura sistêmica constitucional a tributação dessas categorias de eventos. Juridicamente não há prestação de serviço de proveito próprio. Só é reconhecida como tal a prestação que tenha conteúdo econômico mensurável, o que só pode dar quando o esforço seja produzido para outrem. Não há serviço para si mesmo: isso seria inaceitável *contradictio in terminis.*

É, na verdade, impossível pretender atribuir significação econômica a um trabalho para si mesmo. Daí o impor-se discernir trabalho de serviços, para reconhecer que este é espécie daquele; que só este está compreendido na dicção constitucional demarcadora do campo material do ISS dentro do qual irá operar o legislador ordinário.

Assim, como bem dito pelo citado autor, a essência do aspecto material da hipótese de incidência do ISSQN não está no termo "serviço" isoladamente, mas na atividade humana que dele decorre, que é aquela prestada a outrem, cuja prestação tenha conteúdo econômico mensurável[67].

[66] BARRETO, Aires Fernandino. **ISS na Constituição e na Lei**. São Paulo: Dialética, 2003, p. 242.

[67] Sobre este aspecto, importa mencionar que, embora o STF, quando do julgamento do Recurso Extraordinário nº 651.703, de 29.09.2016, no voto do relator Ministro Luiz Fux,

Por seu turno, para Geraldo Ataliba[68], ao citar Pontes de Miranda, serviço consiste em:

> [...] "qualquer prestação de fazer", pois que "servir é prestar atividade a outrem"; é "prestar qualquer atividade que se possa considerar locação de serviços", envolvendo seu conceito apenas a *locatio operarum* e a *locatio operis*. Trata-se – sublinha esse Mestre – de dívida de fazer, que o locador assume. O serviço é sua prestação".
>
> O ISS, portanto, só alcança – e só pode alcançar – a obrigação de *fazer*, aquela cuja prestação é o próprio serviço do locador, sua atividade de servir. É enfim, o esforço humano, físico ou intelectual, que desenvolve. (Destaques do original)

Maria Helena Diniz[69], por sua vez, assevera que *"A obrigação de fazer é a que vincula o devedor à prestação de um serviço ou ato positivo, material ou imaterial, seu ou de terceiro, em benefício do credor ou de terceira pessoa"*.

Note-se que a limitação dos serviços passíveis de incidência deve ser obtida, nos termos do artigo 110 do CTN, no direito privado, uma vez que tais institutos (*obrigação de fazer* e *prestação de serviços*) são utilizados no texto constitucional para fixar os limites do campo de aplicação do ISS.

Ou seja, de antemão, é possível verificar que, no caso da Lei Complementar nº 116/2003, o artigo 110 do CTN foi respeitado, uma vez que a Lei Complementar não está alterando ou modificando o conceito de serviço do direito privado, mas apenas está o declarando.

Seguindo este entendimento, observem-se as considerações tecidas pelo STJ:

tenha estabelecido premissas distintas para conceituar serviço, sobretudo para fazer com que a tributação pelo ISSQN incida também para bens imateriais, ao concluir que *"As operadoras de planos de saúde e de seguro-saúde realizam prestação de serviço sujeita ao Imposto Sobre Serviços de Qualquer Natureza – ISSQN"*, entendemos que as premissas fixadas no voto do Ministro Luiz Fux merecem maior reflexão e discussão, de modo que, no presente trabalho, permaneceremos com o conceito de serviço estabelecido pela doutrina majoritária, respaldado, inclusive, pelo voto-vista divergente do Ministro Marco Aurélio naquele mesmo julgamento (RE nº 651.703, de 29.09.2016).

[68] Ataliba, Geraldo e Barreto, Aires Fernandino – **ISS e Locação – Conceito Constitucional de Serviço – Locação Não é Serviço: Não Pode a Lei Assim Considerá-la Para Efeitos Tributários**. Revista dos Tribunais, maio de 1987. Vol. 619, pp. 9 a 10.

[69] Diniz, Maria Helena. **Curso de Direito Civil Brasileiro**, 2º volume, 18ª ed., São Paulo: Saraiva, 2003, pp. 99 a 100.

TRIBUTÁRIO. ISS. FRANCHISING. DECRETO-LEI Nº 406/68. LEI Nº 8.955/94.

[...] 4. O conceito constitucional de serviço tributável somente abrange:

a) as obrigações de fazer e nenhuma outra;

b) os serviços submetidos ao regime de direito privado não incluindo, portanto, o serviço público (porque este, além de sujeito ao regime de direito público, é imune a imposto, conforme o art. 150, VI, "a", da Constituição);

c) que revelam conteúdo econômico, realizados em caráter negocial – o que afasta, desde logo, aqueles prestados a si mesmo, ou em regime familiar ou desinteressadamente (afetivo, caritativo, etc.);

d) prestados sem relação de emprego – como definida pela legislação própria – excluído, pois, o trabalho efetuado em regime de subordinação (funcional ou empregatício) por não estar *in* comércio.' (Aires F. Barreto, "ISS – Não incidência sobre Franquia", *in* Rev. Direito Tributário, Malheiros Editores, vol. nº 64, págs. 216/221) [...]. (RESP nº 222.246/MG, Rel. Min. José Delgado, 1ª Turma, STJ, DJ 04/09/2000).

Debruçando-se sobre a jurisprudência, percebe-se que o Poder Judiciário já teve que enfrentar a questão do aspecto material da regra-matriz do ISSQN, tendo que se posicionar acerca do que vem a ser *prestação de serviços de qualquer natureza*, conforme se verifica do trecho do voto do então Ministro Joaquim Barbosa, quando do julgamento do Recurso Extraordinário nº 547.245-SC, em que o STF decidiu que há incidência de ISSQN sobre operações de arrendamento mercantil (*leasing*):

[...]

A primeira dificuldade posta consiste na imprecisão do que se tem como *conceito arraigado no direito civil* para conceituação do que se deva entender por *prestação de serviços de qualquer natureza.* O texto do Código Civil de 2002 não define o que sejam serviços (arts. 593-609 da Lei 10.406/2002). O Código Civil anterior utilizava a expressão locação de serviços sem, contudo, trazer qualquer elemento para a estipulação do conceito (Lei 3.071/1916, arts. 1.216 a 1.236).

Por seu turno, a Lei 8.078/1990 (Código do Consumidor), considera serviço *'qualquer atividade fornecida no mercado de consumo, mediante remuneração, inclusive as de natureza bancária, financeira, de crédito e securitária, salvo as decorrentes das relações de caráter trabalhista'*. Como se vê, ainda que *'prestação de serviços'* se limitasse à *'obrigação de fazer marcada pelo esforço humano empreendido em benefício de outrem'*, em interpretação baseada no texto do Código Civil, a expressão não é unívoca se considera a estipulação legal no seio das relações privadas de consumo. E tal estipulação legal é constitucional, como decidiu esta Corte por ocasião do julgamento da ADI 2.591.

Ainda que se socorra de outros influxos de comunicação jurídica, como a dogmática e a jurisprudência, não é possível identificar conceito **incontroverso, imutável ou invencível** para *serviços de qualquer natureza.*

A segunda dificuldade que vislumbro refere-se à necessidade de interpretação da Constituição *conforme a legislação ordinária*, ainda que existente por ocasião de sua promulgação. Ainda que a legislação ordinária contivesse um conceito universal e **inequívoco** para *prestação de serviços de qualquer natureza*, o alcance do texto constitucional não é condicionado de forma imutável por ele. De outra forma, seria necessário concluir pela possibilidade de **estabilização** com força constitucional da legislação infraconstitucional, de modo que haveria confusão entre os planos normativos.

A invocação do art. 110 do Código Tributário Nacional também não impressiona. A disposição carece de densidade normativa própria, pois é redundante a legislação infraconstitucional prescrever que conceitos utilizados pela **Constituição** não podem ser violados por legislação também infraconstitucional. Como observou Aliomar Baleeiro:

'Parece certo, pois, que o CTN se apresenta tímido quanto à interpretação econômica: insunua-a, mas não a erige em princípio básico, proclamando, pelo contrário, o primado do Direito Privado quanto à definição, ao conteúdo e ao alcance dos institutos, conceitos e formas deste ramo jurídico, quando utilizado pela Constituição Federal, pelas dos Estados ou pelas Leis Orgânicas do DF e dos Municípios.

A contrario sensu, *tal primado não existe se aquelas definições, conceitos e formas promanam de outras leis ordinárias' (p. 689).* (Destaques e itálicos do texto original)

Noutra oportunidade, como dito anteriormente, o STF, ao julgar o Recurso Extraordinário nº 651.703, de 29.09.2016, que teve repercussão geral reconhecida, no voto do relator Ministro Luiz Fux, conceituou *prestação de serviços de qualquer natureza* da seguinte forma:

[...]

A finalidade dessa classificação (obrigação de dar e obrigação de fazer) escapa totalmente àquela que o legislador constitucional pretendeu alcançar, ao elencar os serviços no texto constitucional tributáveis pelos impostos (por exemplo, serviços de comunicação – tributáveis pelo ICMS; serviços financeiros e securitários – tributáveis pelo IOF; e, residualmente, os demais serviços de qualquer natureza – tributáveis pelo ISS), qual seja, a de captar todas as atividades empresariais cujos produtos fossem serviços, bens imateriais em contraposição aos bens materiais, sujeitos a remuneração no mercado.

A doutrina também sufraga esta tese:

Essa adjetivação "de qualquer natureza", aliás, faz muito mais sentido quando se entende que o constituinte incorporou o conceito econômico de serviços. Isso porque, diferentemente do conceito de serviços no Direito Civil (e não no Direito Privado como um todo) – que não demanda maiores exercícios interpretativos, por ser facilmente apreensível (embora dificilmente aplicável numa série de atividades econômicas) –, o conceito de serviços na Economia, de maneira distinta, já apresenta, de pronto, uma vagueza semântica caracterizada pelo conjunto de atividades econômicas que não consubstanciam, como produtos, bens materiais. Tal vagueza, ao ser acompanhada da expressão "de qualquer natureza", denota que é tributável pelo ISS toda a residualidade desse conceito no universo da atividade econômica, depois de afastados os serviços de comunicação e de transporte interestadual ou intermunicipal, tributáveis pelo ICMS; os serviços financeiros, tributáveis pelo IOF. (MACEDO, Alberto. ISS – O Conceito Econômico de Serviços Já Foi Juridicizado Há Tempos Também pelo Direito Privado. In: XII Congresso Nacional de Estudos Tributários – Direito Tributário e os Novos Horizontes do Processo. MACEDO, Alberto [et all]. – São Paulo: Editora Noeses, 2015, p. 71/79).

Assim, embora seja possível verificar a existência de corrente doutrinária a identificar o conceito de serviços com obrigação de fazer, há também categorização no sentido de que o conceito econômico de prestação de serviço não se confunde com o conceito de prestação de serviço de Direito Civil, *verbis*:

Serviço, portanto, vem a ser o resultado da atividade humana na criação de um bem que não se apresenta sob a forma de bem material, v.g., a atividade do transportador, do locador de bens imóveis, do médico, etc.

O conceito econômico de "prestação de serviço" (fornecimento de bem imaterial) não se confunde nem se equipara ao conceito de "prestação de serviços" do direito civil, que é conceituado como fornecimento apenas de trabalho (prestação de serviços é o fornecimento mediante remuneração, do trabalho a terceiro). O conceito econômico não se apresenta acanhado, abrange tanto o simples fornecimento de trabalho (prestação de serviços de direito civil) como outras atividades: v.g.: locação de bens móveis, transporte, publicidade, hospedagem, diversões públicas, cessão de direitos, depósito, execução de obrigações de não fazer, etc. (venda de bens imateriais). (MORAES, Bernardo

Ribeiro de. Doutrina e Prática do Imposto sobre Serviços. 1ª Ed, 3ª tiragem. São Paulo: Editora Revista dos Tribunais, 1984, p. 42/43).

Sob este ângulo, o conceito de prestação de serviços não tem por premissa a configuração dada pelo Direito Civil, mas relacionado ao oferecimento de uma utilidade para outrem, a partir de um conjunto de atividades imateriais, prestados com habitualidade e intuito de lucro, podendo estar conjugada ou não com a entrega de bens ao tomador. [...] (Itálicos do original) (Destaques nossos)

Ou seja, no julgamento do RE nº 651.703, de 29.09.2016, o STF se baseou no conceito econômico de "serviço", para ressuscitar a incidência do ISSQN sobre bens imateriais, tal como ocorreu também no julgamento do imposto municipal sobre arrendamento mercantil.

No entanto, ainda no que tange ao julgamento do Recurso Extraordinário nº 651.703, de 29.09.2016, pelo STF, o Ministro Marco Aurélio, em seu voto-vista, entendeu de maneira contrária ao voto do Ministro relator Luiz Fux, ao assim afirmar:

> [...]
>
> Mesmo que se sustente terem os precedentes conferido interpretação ampliativa ao vocábulo "serviço" constante no artigo 156, inciso III, da Lei Maior, não há como argumentar superação do entendimento relativamente à necessidade de demonstração de um fazer para fins de incidência tributária. Considero ter o Plenário, na oportunidade, apenas assentado ser indispensável levar em conta, em especial nos negócios jurídicos complexos, o conjunto de atos praticados para extrair a essencialidade da prestação. **Se existente, no núcleo da prestação, um ato humano, um fazer, surge presente serviço, visando cobrança de ISS.** Se o negócio entabulado revelar, em essência, obrigação de dar, como no caso do arrendamento mercantil operacional, há de excluir-se, ante a apreciação dos citados extraordinários, a atividade do campo de incidência tributária, por não preencher a operação os elementos característicos do tipo serviço.
>
> Isso explica a razão de o verbete vinculante nº 31 permanecer eficaz até os dias de hoje, orientando a jurisprudência deste Tribunal mesmo após o exame dos recursos extraordinários nº 547.245 e 592.905. Justifica também o fato de o Plenário, no julgamento do extraordinário de nº 626.706/SP, relator o ministro Gilmar Mendes, repercussão geral reconhecida, acórdão publicado no Diário da Justiça de 23 de setembro de 2010, ter reafirmado a não inci-

dência do Imposto Sobre Serviços na locação de bens móveis, considerada a ausência de obrigação de fazer.

Observa-se a adoção da óptica quando da apreciação da medida cautelar na ação direta de inconstitucionalidade nº 4.389/DF, relator o ministro Joaquim Barbosa, acórdão veiculado no Diário da Justiça de 24 de maio de 2011. **Muito embora tenha o Relator, na oportunidade, proposto superação do modelo civilístico, ressalte-se a orientação assentada pelo Pleno, que, ao enfrentar o tema relativo à incidência de ISS ou de ICMS na produção de embalagens sob encomenda para posterior industrialização, decidiu a questão a partir do enfoque quanto à preponderância de circulação de mercadoria, e não de um fazer voltado ao benefício do contratante.**

No âmbito das Turmas, tem-se a remissão à primazia, ou não, de um fazer na prestação em análise, sempre que estiver em jogo a materialidade do Imposto Sobre Serviços. Nesse sentido, cito: recurso extraordinário nº 602.295/RJ, Primeira Turma, relator o ministro Luís Roberto Barroso, acórdão publicado no Diário da Justiça de 23 de abril de 2015; recurso extraordinário com agravo nº 839.976/RS, Primeira Turma, relator o ministro Luís Roberto Barroso, acórdão veiculado no Diário da Justiça de 10 de fevereiro de 2015; recurso extraordinário com agravo nº 764.452/RJ, Segunda Turma, relatora a ministra Cármen Lúcia, acórdão publicado no Diário da Justiça de 10 de dezembro de 2013; agravo de instrumento nº 803.296/SP, Primeira Turma, relator o ministro Dias Toffoli, acórdão veiculado no Diário da Justiça de 7 de junho de 2013.

Como dizer então ultrapassado o entendimento? Essa, inclusive, vem sendo a orientação balizada na doutrina ainda em nossos dias, atrelando o núcleo material da condição de incidência do ISS a obrigação de fazer. A legislação complementar, ao dispor acerca da materialidade do imposto, deve necessariamente obedecer às balizas versadas na própria tipologia constitucional de serviço.

Para caracterização de determinada prestação como serviço, passível de tributação, mostra-se indispensável a presença de esforço humano, da realização de uma obrigação de fazer, ainda que envolva, para a execução, certas obrigações de dar. Não havendo essa nota característica, ou sendo o fazer mero acessório no negócio jurídico entabulado, surge impróprio enquadrar a atividade como serviço, descabendo a tributação em virtude da incompatibilidade material com o previsto no texto constitucional.

> **Com isso, não se pretende apenas interpretar a Constituição Federal a partir do artigo 110 do Código Tributário Nacional, mas, sim, respeitar os próprios limites de competência estabelecidos no figurino constitucional do tributo. A Carta da República, ao definir a materialidade de cada espécie tributária, dividindo a competência entre os entes federados, não o faz em vão.** Conforme leciona Misabel Derzi nas notas de atualização da obra do ministro Aliomar Baleeiro:
>
> *Quando a Constituição usa um conceito, um instituto ou forma do Direito Privado, o nome empregado denota certo objeto, segundo a conotação que ele tem na ciência jurídica particular, da qual se origina. A conotação completa que advém da ciência do Direito Privado é condição prévia de inteligibilidade e univocidade do discurso constitucional. E se utiliza a Constituição desse sentido completo, extraído de certo ramo jurídico, para assegurar a discriminação e delimitação de competência, enfim o pacto federativo.* ***Permitir ao intérprete ou ao legislador ordinário interessado (que legisla em causa própria) que alterasse o sentido e alcance desses institutos e conceitos constitucionalmente empregados, seria permitir que firmasse, sem licença da Constituição, novo pacto federativo, nova discriminação de competência.*** (BALEEIRO, Aliomar. Direito Tributário Brasileiro. Atualizado por Misabel Derzi. 12. ed. Rio de Janeiro: Forense, 2013, p. 731).
>
> A lei tributária não pode alterar a definição, o conteúdo e o alcance de institutos, conceitos e formas de Direito privado, utilizados expressa ou implicitamente pelo Diploma Maior. Caso contrário, confere-se carta branca ao legislador ordinário para incluir na lista anexa à Lei Complementar nº 116/2003 todo e qualquer negócio jurídico como passível de ser tributado pelos Municípios, independentemente de estar-se, ou não, diante de serviço. [...] (Destaques nossos)

Destarte, malgrado o posicionamento adotado pelo STF, que, por maioria, se baseou no conceito econômico de "serviço" para permitir a incidência do ISSQN sobre *"As operadoras de planos de saúde e de seguro-saúde"*, preferimos adotar o conceito sufragado pela doutrina majoritária de que "serviço" está atrelado ao esforço humano.

Assim, o núcleo do aspecto material da regra matriz do ISSQN, que é "prestar serviços", está assim definido nas palavras de José Eduardo Soares de Melo[70]:

[70] MELO, José Eduardo Soares de. **ISS – Aspectos Teóricos e Práticos**. 5ª ed., São Paulo: Dialética, 2008, p. 37.

O aspecto material consiste em determinados negócios jurídicos, estados, situações, serviços e obras públicas, dispostos na Constituição Federal, que representem fenômeno revelador de riqueza (aspecto econômico), sejam praticados ou pertinentes ao próprio contribuinte, ou exercidos pelo Poder Público em benefício do mesmo.

A materialidade de qualquer tributo é rotulada, na legislação, como fato gerador da obrigação tributária, embora se compreendida na referida expressão tanto a situação hipotética (previsão legal), como a situação fática (acontecimento real).

Relativamente ao ISS, a Constituição estabelece o seguinte:

'Art. 156. Compete aos Municípios instituir imposto sobre:

(...) III – serviços de qualquer natureza, não compreendidos no art. 155, II, definidos em lei complementar.'

O cerne da materialidade da hipótese de incidência do imposto em comento não se circunscreve a "serviço", mas a uma "prestação de serviço", compreendendo um negócio (jurídico) pertinente a uma obrigação de "fazer", de conformidade com os postulados e diretrizes do direito privado.

Considerando que o direito tributário constitui um direito de superposição, incidindo sobre realidades postas por outros ramos do direito (civil, comercial etc.), torna-se imprescindível buscar o conceito das espécies básicas de obrigações (dar e fazer), para delimitar o âmbito do ISS, confrontado com os âmbitos do IPI e do ICMS.

Essa espécie de obrigação (fazer) não possui definição e características próprias, configurando-se de modo negativo à outra espécie de obrigação (dar), que 'consiste na entrega de uma coisa móvel ou imóvel, para a constituição de um direito real (venda, doação etc.), a concessão de uso (empréstimo, locação), ou a restituição ao dono. Já as de fazer, conquanto se definam em geral de modo negativo, são todas as prestações que não se compreendem entre as de dar, têm, na verdade, por objeto um ou mais atos, ou fatos do devedor, como trabalhos materiais ou intelectuais.'

'A obrigação fazer é a que se vincula o devedor à prestação de um serviço como ato positivo, material ou imaterial, seu ou de terceiro, em benefício do credor ou de terceira pessoa'.

Desse modo, malgrado o novo posicionamento adotado pelo STF no julgamento do Recurso Extraordinário nº 651.703, externado no voto do relator Ministro Luiz Fux, cujo entendimento não compartilhamos[71], o Direito Tributário deve respeitar o conceito de serviço advindo do Direito Privado, não podendo alterá-lo, sob pena de violação ao artigo 110 do CTN.

Por sua vez, o STJ já definiu que não pode incidir ISSQN sobre serviços prestados que caracterizam atividade-meio para atingir atividades-fim, excetuados os casos em que a atividade-meio for terceirizada. Veja-se:

> TRIBUTÁRIO. ISS. SERVIÇO DE TELECOMUNICAÇÃO. ATIVIDADE-MEIO. NÃO INCIDÊNCIA. PRECEDENTES. SÚMULA 83/STJ.
>
> 1. **O Superior Tribunal de Justiça firmou entendimento no sentido de que, independente da cobrança pela prestação de serviço, 'não incide ISS sobre serviços prestados que caracterizam atividade-meio para atingir atividades-fim**, no caso a exploração de telecomunicações' (REsp 883254/MG, Rel. Min. José Delgado, Primeira Turma, julgado em 18.12.2007, DJ 28.2.2008 p. 74). Precedentes. Incidência da Súmula 83/STJ.
>
> 2. É pacífica a jurisprudência desta Corte no sentido de que o teor da Súmula 83/STJ aplica-se, também, aos recursos especiais interpostos com fundamento na alínea 'a' do permissivo constitucional.
>
> Agravo regimental improvido. (AgRg no AREsp 445.726/RS, Rel. Ministro HUMBERTO MARTINS, SEGUNDA TURMA, julgado em 18/02/2014, DJe 24/02/2014) (Destaques nossos)

> TRIBUTÁRIO. ISS. SERVIÇOS. ATIVIDADE-MEIO. NÃO-INCIDÊNCIA.
>
> 1. **Não incide o ISS sobre serviços prestados que caracterizam atividades-meio para atingir atividades-fim**, no caso a exploração de telecomunicações.
>
> 2. Marcelo Caron Baptista, em "ISS – Do Texto à Norma", editada pela *Quartier Latin*, p. 692, doutrina: "A prestação de serviço tributável pelo ISS é, pois, entre outras coisas, aquela em que o esforço do prestador realiza a prestação-fim, que está no centro da relação contratual, e desde que não sirva

[71] Sobretudo, porque, como bem asseverado pelo Ministro Marco Aurélio em seu voto-vista divergente, *"Para caracterização de determinada prestação como serviço, passível de tributação, mostra-se indispensável a presença de esforço humano, da realização de uma obrigação de fazer, ainda que envolva, para a execução, certas obrigações de dar. [...] A lei tributária não pode alterar a definição, o conteúdo e o alcance de institutos, conceitos e formas de Direito privado, utilizados expressa ou implicitamente pelo Diploma Maior. Caso contrário, confere-se carta branca ao legislador ordinário para incluir na lista anexa à Lei Complementar nº 116/2003 todo e qualquer negócio jurídico como passível de ser tributado pelos Municípios, independentemente de estar-se, ou não, diante de serviço."*

apenas para dar nascimento a uma relação jurídica diversa entre as partes, bem como não caracteriza prestação do serviço de transporte interestadual, intermunicipal ou de comunicação, cuja tributação se dará pela via do ICMS".

3. São serviços-meio para o alcance dos serviços-fim de telecomunicações os de secretaria, datilografia, habilitação, mudança e religação de aparelhos, despertador, processamento de dados, entre outros. Não-incidência de ISS.

4. O STF tem jurisprudência consolidada no sentido de não incidir ISS sobre locação de bens móveis. Reconhece, também, proteção de imunidade tributária para a edição e publicidade das listas telefônicas.

5. Seguimento da orientação do Supremo Tribunal Federal.

Reconhecimento de ser inaplicável legislação infraconstitucional interpretada em desacordo com a jurisprudência da Corte Maior.

6. Recurso especial provido. (REsp 883.254/MG, Rel. Ministro JOSÉ DELGADO, PRIMEIRA TURMA, julgado em 18/12/2007, DJ 28/02/2008, p. 74) (Destaques nossos)

Em linha com o entendimento do STJ, o STF também já decidiu no mesmo sentido. Veja-se:

TRIBUTÁRIO. IMPOSTO SOBRE SERVIÇOS. ATIVIDADES BANCÁRIAS. CUSTÓDIA DE TÍTULOS, ELABORAÇÃO DE CADASTRO, EXPEDIENTE. **SERVIÇOS SEM AUTONOMIA PRÓPRIA, INSEPARÁVEIS DA ATIVIDADE FINANCEIRA, QUE NÃO SUSCITAM O IMPOSTO MUNICIPAL SOBRE SERVIÇOS**. EXCEÇÃO CONSIGNADA NA PRÓPRIA LEI MUNICIPAL PARA AS INSTITUIÇÕES FINANCEIRAS. (RE 97804, Relator(a): Min. DÉCIO MIRANDA, Segunda Turma, julgado em 26/06/1984, DJ 31-08-1984 PP-13937 EMENT VOL-01347-02 PP-00449 RTJ VOL-00111-02 PP-00696)[72] (Destaques nossos)

[72] Para melhor compreensão do julgado acima do STF, mister se faz reproduzir trecho do voto do então Ministro Relator Décio Miranda:
O item "expediente" desperta idêntica recusa. É apenas a expressão dos serviços variados, prestados no exercício de atividades meio do comércio bancário, que, como diz o acórdão recorrido, "não chegam a constituir um serviço próprio, autônomo".
[...]
Em resumo, o recurso extraordinário persegue a tributalidade de serviços dependentes, ancilares, sem autonomia própria e, como tais, não especificados na lista de serviços anexa ao Decreto-Lei nº 834/69.

Portanto, conquanto seja permitido aos Municípios tributarem serviços, o Poder Judiciário já assentou entendimento de que tais serviços devem ser relativos à atividade-fim do contribuinte e não relacionados a atividade-meio, tais como os serviços de limpeza ou de informática prestados num escritório de advocacia ou contabilidade, por exemplo.

Como dito anteriormente, a Lei Complementar nº 116/2003 prevê a incidência de ISSQN sobre atividades de *composição gráfica*, bem como de *fornecimento de cartões bancários*, mais especificamente nos itens 13.05 e 15.14 da Lista de Serviços anexa à Lei Complementar 116/2003, respectivamente.

Assim, destrinchando o conceito de serviço previsto no parágrafo 2º, do artigo 3º, do CDC, podemos dizer que, se *"Serviço é qualquer atividade fornecida no mercado de consumo"* e os cartões bancários, que são fornecidos sob encomendas e personalíssimos, serão consumidos pelo seu *uso* e *gozo* por meio do correntista da instituição financeira e que *"mediante remuneração, inclusive as de natureza bancária, financeira, de crédito e securitária, salvo as decorrentes das relações de caráter trabalhista"* são os valores pagos pelas instituições financeiras às empresas gráficas que confeccionam esses cartões, para custear a impressão e o fornecimento dos cartões, assim como o lucro que a empresa gráfica deverá ter para manter seu negócio, seria possível concluir que a atividade de *"composição gráfica"*, bem como de *"fornecimento de Cartões Bancários"* seria, sim, uma prestação de serviço, uma vez que se trata, aplicando aqui já o conceito de prestação de serviço de Aires Fernandino Barreto[73], de esforço humano prestado a outrem, mediante remuneração.

De qualquer forma, trata-se de serviços dependentes, ancilares, sem autonomia própria e, como tais, não especificados na lista de serviços anexa ao Decreto-Lei nº 834/69 e assim intributáveis pelo Município, como acima já salientado.
Isto posto, não conheço do recurso extraordinário. É meu voto. (Trecho do voto do Relator Min. Décio Miranda, relator do RE 97.804/84 Segunda Turma, julgado em 26/06/1984, DJ 31-08-1984 PP-13937 EMENT VOL-01347-02 PP-00449 RTJ VOL-00111-02 PP-00696). (Destaques nossos)

[73] BARRETO, Aires Fernandino. **ISS na Constituição e na Lei**. São Paulo: Dialética, 2003, p. 242.

Capítulo 8
Tributação dos *Smart Cards* – Entendimentos dos Fiscos Estadual e Municipal de São Paulo

8.1. A Resposta à Consulta nº 732/2010 da Consultoria Tributária da Secretaria da Fazenda do Estado de São Paulo (SEFAZ-SP)

Determinada empresa, CNAE 1821-1/00 (Serviços de pré-impressão), que tem como foco o mercado de cartões, elaborando e imprimindo por encomenda de seus clientes desde os *"cartões de crédito/débito, cartões de identidade (OAB, CRC, etc) e outros cartões comerciais ou de tarja magnética e até os chamados smart cards (cartões com chip), incluindo os cartões com chip usados pelas operadoras de telefonia"*, realizou Consulta perante à Consultoria Tributária da SEFAZ-SP, tendo referida Consultoria emitido Resposta à Consulta Tributária nº 732/2010, em 21 de março de 2011, da qual destacamos os seguintes trechos:

> ICMS Cartões inteligentes (Smart cards) Cartões que comportam um circuito integrado eletrônico (microprocessador) na forma de uma microplaqueta ('chip') Produto industrializado Sua produção e comercialização sujeita-se à incidência do imposto estadual.
>
> 1. A Consulente, CNAE 18211/00 (Serviços de pré-impressão), informa que é empresa 'que tem como foco o mercado de cartões, elaborando e imprimindo por encomenda de seus clientes desde os cartões de crédito/débito, cartões de identidade (OAB, CRC, etc) e outros cartões comerciais ou de tarja magnética e até os chamados smart cards (cartões com chip), incluindo os cartões com chip usados pelas operadoras de telefonia'.
>
> [...]

13. Diante do exposto, indaga:

"Os Cartões de Identidade Únicos cartões de policarbonato com chip impressos personalizados de acordo com o solicitado pela Casa da Moeda do Brasil CMB (em que a Consulente não foi contratada para também incluir de dados variáveis individuais em cada cartão), ao serem impressos e fornecidos pela Consulente devem ser considerados impressos gráficos personalizados e, portanto, não estão sujeitos ao ICMS, mas sim ao ISS?"

14. Inicialmente, é importante registrar que a posição do Fisco Paulista, assim como a dos Fiscos das outras Unidades da Federação e a do Fisco federal, sempre foi no sentido de que os impressos em geral são produtos industrializados, isto é, produtos fabricados por uma indústria, em condição de igualdade com quaisquer outros tipos de produtos. Os Fiscos estaduais e federal jamais aceitaram a assertiva de que a indústria gráfica não fabrica produtos, mas apenas opera como simples prestadora de serviços.

14.1. Contudo, diante de reiterada jurisprudência no sentido de que, relativamente aos chamados 'impressos personalizados', a indústria gráfica age como mera prestadora de serviços, a Secretaria da Fazenda deixou de exigir o ICM/ICMS nessas operações, conforme justificado pela Portaria CAT nº 54/1981, de 16.10.1981, publicada no Diário Oficial de 17.10.1981:

"[...] considerando que, por meio da Decisão Normativa CAT-2-78 de 16.11.78, esta Coordenação firmou diretriz no sentido da incidência do ICM nas saídas de impressos gráficos;

Considerando que essa diretriz está em consonância com a moção do Conselho de Política Fazendária, votada por unanimidade em reunião de 10.2.80;

Considerando, todavia, que os Municípios vêm editando legislação no sentido da incidência do ISS nos fornecimentos dos chamados impressos personalizados;

Considerando que esse entendimento, embora apresente o inconveniente de eleger a intenção do adquirente como elemento definidor de incidência tributária, é o que vem prevalecendo na **jurisprudência da maioria dos Tribunais Estaduais e do Supremo Tribunal Federal**;

Considerando que alguns contribuintes, interpretando apressadamente aquelas decisões judiciais, têm emprestado a elas indevida amplitude, concluindo pela incidência exclusiva do ISS em quaisquer fornecimentos de impressos;

Considerando que o conflito de competência tributária relativamente à atividade desenvolvida pela indústria gráfica tem efeitos nocivos também no plano das relações econômico-sociais, já que a incerteza jurídica sobre o 'quantum' do tributo devido e sobre a pessoa de direito público titular do direito de crédito leva as empresas atingidas a procurar soluções provisórias da mais diversa natureza, quase todas, porém, onerando os preços ou provocando desequilíbrio no mercado;

Considerando que, enquanto, não se dirime, em lei complementar federal, o conflito instaurado, há que ser encontrada solução que contorne os problemas gerados por aquela incerteza [...]".

14.2. E os artigos 1º e 2º da referida Portaria nº 54/1981, assim dispuseram:

"Artigo 1º O Imposto de Circulação de Mercadorias deixará de ser exigido nas saídas, efetuadas por estabelecimentos gráficos, de impressos personalizados, assim entendidos aqueles que se destinam a uso exclusivo do autor da encomenda, tais como talonários de notas fiscais e cartões de visita.

Artigo 2º Não se consideram impressos personalizados, para os efeitos do artigo anterior, aqueles que, mesmo contendo o nome do encomendante, se destinem a consumo na industrialização ou na comercialização, tais como rótulos, etiquetas e materiais de embalagem, ou para posterior distribuição, ainda que a título gratuito."

15. É importante esclarecer, também, que em relação aos cartões magnéticos, apesar de não estarem, em princípio, enquadrados no conceito contido no artigo 1° da Portaria CAT 54/1981, tendo em vista a jurisprudência firmada pelo Poder Judiciário, incluindo cheque no conceito de impresso personalizado, o fisco deste Estado cedeu, novamente, às decisões judiciais, estendendo a ambos (cheque e cartões magnéticos) a sua aplicação.

16. Contudo, é importante deixar claro que o produto em análise, descrito pela Consulente, é um tipo de cartão que se diferencia substancialmente dos cartões magnéticos convencionais uma vez que incorpora o aludido "chip", adquirindo, desta forma, a condição de "cartão inteligente" ("smart card"), se afastando radicalmente, por sua finalidade e alcance, do mero serviço de "composição gráfica."

16.1. Registre-se que o cartão inteligente está classificado no código 85.23.52.00 cartões inteligentes ("smart cards") da Nomenclatura Comum do Mercosul (NCM), sendo considerado um **produto industrializado** e, na esfera federal, sujeito à incidência do Imposto sobre Produtos Industrializados (IPI). **A produção de tal mercadoria, que comporta um circuito integrado eletrônico (microprocessador) na forma de uma microplaqueta ('chip'), ainda que efetuada sob requisitos especificados pelo cliente, não pode ser considerada como serviço de composição gráfica.**

> 16.2. Por consequência, esta Consultoria Tributária já se manifestou, reiteradamente, no sentido de que, no que tange à legislação do ICMS, **entende-se que a produção e comercialização do 'cartão inteligente', que possui todas as características de uma mercadoria**, ainda que seja industrializado por encomenda, **está no campo de incidência do ICMS.**
>
> 16.3. Corroborando esse entendimento, o Convênio ICMS 135/2006, celebrado por diversos Estados, autoriza a atribuição aos estabelecimentos industriais ou importadores de cartões inteligentes ("Smart Cards" ou "Sim Card"), na qualidade de sujeitos passivos por substituição, a responsabilidade pela retenção e recolhimento do ICMS devido pela [*sic*] operações subsequentes (cláusula primeira, parágrafo único, inciso IV). O Estado de São Paulo não é signatário do referido convênio por não ter interesse em implementar a substituição tributária a essa hipótese.
>
> 17. Portanto, tanto os cartões a serem fornecidos à Casa da Moeda do Brasil, quanto os demais cartões elaborados pela Consulente que contenham circuito integrado eletrônico (chip), são considerados mercadorias e estão, por regra, sujeitos à incidência do ICMS.
>
> 18. Por fim, registre-se que se a Consulente estiver procedendo de forma diversa da tratada na presente resposta deverá dirigir-se ao Posto Fiscal de sua vinculação para as regularizações necessárias, valendo-se do disposto no artigo 529 do RICMS/2000 (denúncia espontânea). A Resposta à Consulta Tributária aproveita ao consulente nos termos da legislação vigente. Deve-se atentar para eventuais alterações da legislação tributária. (Destaques nossos)

Dessa forma, após a emissão da Resposta à Consulta Tributária nº 732/2010 da Consultoria Tributária da SEFAZ-SP passou a fiscalizar e autuar as empresas que confeccionam, dentre outros, *smart cards* bancários.

Contudo, mister se faz analisar, adiante, se, de fato, a confecção, impressão e fornecimento de cartões inteligentes bancários, seja de crédito ou de débito, é hipótese tributária de incidência do ICMS, ou se seria critério material do ISSQN.

Antes, porém, cumpre demonstrar o entendimento do Município de São Paulo a respeito da questão.

8.2. A Solução de Consulta SF/DEJUG Nº 1, 4 de janeiro de 2010 do Município de São Paulo

O Município de São Paulo, por sua vez, também já se manifestou quanto ao item 13.04[74], da Lei Municipal nº 13.701, de 24 de dezembro de 2003, equivalente ao item 13.05[75], da Lei Complementar nº 116/2003, na sua redação original, antes da alteração trazida pela Lei Complementar nº 157/2016[76], quando emitiu a Solução de Consulta SF/DEJUG nº 1, de 4 de janeiro de 2010. Vejamos:

> SOLUÇÃO DE CONSULTA SF/DEJUG Nº 1, DE 4 DE JANEIRO DE 2010
> ISS – Subitem 13.04 da Lista de Serviços da Lei nº 13.701, de 24 de dezembro de 2003. Código de serviço 06912. **Incide o ISS na confecção de rótulos e etiquetas que contenham o nome do encomendante e, ainda, que venham a integrar produtos destinados à industrialização ou comercialização.**
>
> O DIRETOR DO DEPARTAMENTO DE TRIBUTAÇÃO E JULGAMENTO, no uso de suas atribuições legais, em especial à vista dos artigos 73 a 78 da Lei 14.107, de 12 de dezembro de 2005 e em conformidade com o que consta nos autos do processo administrativo nº ***********;
>
> ESCLARECE:
>
> 1. A consulente, regularmente inscrita no CCM – Cadastro de Contribuintes Mobiliários sob os códigos de serviço 01880, 06297, 06912 e 07498, tem por objeto social, dentre outros, a indústria e comércio de etiquetas, fitas, folhas e bobinas de papel, polipropileno e outros filmes plásticos, **máquinas de impressão** e aplicação de etiquetas e partes integrantes das mesmas; prestação de serviços de assistência técnica, rotulagem e etiquetagem.
>
> 2. Entende que a incidência do ICMS ou do ISS sobre a produção de impresso gráfico mediante encomenda para ser agregado a outra mercadoria que será comercializada depende de quem for considerado consumidor,

[74] 13.04 – Composição gráfica, fotocomposição, clicheria, zincografia, litografia, fotolitografia.

[75] 13.05 – Composição gráfica, fotocomposição, clicheria, zincografia, litografia, fotolitografia.

[76] 13.05 – Composição gráfica, inclusive confecção de impressos gráficos, fotocomposição, clicheria, zincografia, litografia e fotolitografia, exceto se destinados a posterior operação de comercialização ou industrialização, ainda que incorporados, de qualquer forma, a outra mercadoria que deva ser objeto de posterior circulação, tais como bulas, rótulos, etiquetas, caixas, cartuchos, embalagens e manuais técnicos e de instrução, quando ficarão sujeitos ao ICMS.

se o encomendante ou o adquirente (para uso próprio) da mercadoria produzida pelo encomendante à qual foi agregado o impresso gráfico.

[...]

6. **O assunto aqui discutido já foi objeto de súmula no STF (Súmula n° 156) e de outros precedentes judiciais, de modo que, o posicionamento deste Departamento é o que está expresso na referida Portaria SF nº 42/95 e nos precedentes administrativos existentes, em particular a Consulta – Decisão nº 2267 de 24/05/2005.**

7. Desta maneira, incidirá o ISS:

7.1. Na confecção de rótulos, etiquetas, bulas, embalagens, manuais de instrução e assemelhados que contenham o nome do encomendante e, ainda, que venham a integrar produtos destinados à industrialização ou comercialização.

7.2. Na confecção de impressos, tais como folhetos, livretos, pôsteres e assemelhados, caracterizados como de promoção ou propaganda de serviços, atividades ou produtos, destinados a posterior distribuição, ainda que a título gratuito.

8. É conveniente esclarecer, ainda, o seguinte:

8.1. **Não incide o imposto sobre a confecção de impressos genéricos, que não tenham sido encomendados por um cliente específico.**

8.2. **Incidirá somente o ISS na confecção de produtos gráficos personalizados, ainda quando venham a integrar produtos destinados à industrialização ou comercialização. Desta forma, não é a destinação à industrialização ou comercialização que definirá o imposto devido, e sim a personalização do impresso.**

9. Os serviços de confecção de rótulos e etiquetas descritos acima se enquadram no item 13.04 da lista de serviços constante do art. 1º da Lei 13.701, de 24 de dezembro de 2003, relativo ao código de serviço 06912 – Artes gráficas, tipografia, diagramação, paginação e gravação.

10. Sobre tais serviços incide ISS, calculado pela aplicação da alíquota de 2%, sendo a base de cálculo do imposto o preço do serviço, como tal considerada a receita bruta a ele correspondente, sem nenhuma dedução, excetuados os descontos ou abatimentos concedidos independentemente de qualquer condição, consoante art. 1°, § 2° e art. 14 da Lei n° 13.701, de 24 de dezembro de 2003, e art. 16, I, da Lei n° 13.701, de 24 de dezembro de 2003, com a redação dada pela Lei nº 14.256, de 29 de dezembro de 2006.

11. A consulente deverá, ainda, emitir Nota Fiscal de Serviços Série "A", Nota-Fiscal Fatura de Serviços ou Nota Fiscal Eletrônica de Serviços – NF-e,

> nos termos do Decreto nº 50.896, de 1 de outubro de 2009 e da Portaria SF nº 072/2006, de 06/06/2006, alterada pelas Instruções Normativas SF/SUREM nos 03/2006, 22/2007 e 11/2008, quando da prestação de serviços tributáveis pelo ISS. 12. Promova-se a entrega de cópia desta solução de consulta à requerente e, após anotação e publicação, arquive-se. (Destaques nossos)

Assim, a Solução de Consulta SF/DEJUG nº 1, de 4 de janeiro de 2010, deixou claro que *"O assunto aqui discutido já foi objeto de súmula no STF (Súmula n° 156) e de outros precedentes judiciais, de modo que [...] Não incide o imposto sobre a confecção de impressos genéricos, que não tenham sido encomendados por um cliente específico."*

No entanto, entendeu que *"Incidirá somente o ISS na confecção de produtos gráficos personalizados, ainda quando venham a integrar produtos destinados à industrialização ou comercialização."*

Por fim, concluiu que *"não é a destinação à industrialização ou comercialização que definirá o imposto devido, e sim a personalização do impresso."*

Assim, doravante, passamos a analisar se a atividade empresarial de confecção, impressão e fornecimento de *smart cards* bancários, de débito e crédito, é hipótese tributária de incidência do ICMS ou se seria critério material do ISSQN.

Capítulo 9
Tributação dos *Smart Cards* - Análise de Decisões Administrativas

O Tribunal de Impostos e Taxas do Estado de São Paulo (TIT-SP) tem enfrentado a questão, inclusive de modo divergente, ou seja, com decisões nos dois sentidos, tanto entendendo que há incidência de ICMS, como que haveria incidência de ISSQN, na confecção e impressão de *smart cards* bancários.

Ao julgar o Recurso Ordinário nº 4.034.059-4, a Primeira Câmara do Tribunal de Impostos e Taxas do Estado de São Paulo (TIT-SP), entendeu, por maioria de votos, que haveria incidência de ICMS no caso em tela, nos termos do Voto vencedor da Relatora Maria do Rosário Pereira Esteves. Vejamos alguns trechos do referido Voto:

> VOTO INICIAL DO RELATOR - Juiz: MARIA DO ROSÁRIO PEREIRA ESTEVES
>
> Ementa: ICMS - INFRAÇÃO RELATIVA A DOCUMENTOS FISCAIS - FALTA DE EMISSÃO DE NOTAS FISCAIS MODELO 55 - FABRICAÇÃO E FORNECIMENTO DE CARTÕES MAGNÉTICOS - SMART CARDS - RESPONSABILIDADE SOLIDÁRIA EXCLUÍDA - MULTA MANTIDA - JUROS NO PATAMAR DA SELIC - CONHEÇO E DOU PARCIAL PROVIMENTO AO RECURSO DA AUTUADA E CONHEÇO E DOU PROVIMENTO AO RECURSO DO RESPONSÁVEL SOLIDÁRIO.
>
> Relatório
>
> [...]
>
> VOTO
>
> [...]

No que diz respeito ao mérito, a autuada alegou que a atividade por ela prestada seria tributada somente pelo ISS, por tratar-se de atividade prevista na Lista de Serviços da Lei Complementar 116/03, de prestação de serviços de composição e impressão gráficas, sob encomenda, de cartões bancários personalizados. E, portanto, não teria praticado nenhuma operação de circulação de mercadoria sujeita à incidência do ICMS.

A CF/88 em seu artigo 156, I prescreve que:

"Art. 156. Compete aos Municípios instituir impostos sobre: III – serviços de qualquer natureza, não compreendidos no art. 155, II, definidos em lei complementar."

Desse modo, a Lei Complementar 116/03 estabeleceu que:

"Art. 1º O Imposto Sobre Serviços de Qualquer Natureza, de competência dos Municípios e do Distrito Federal, tem como fato gerador a prestação de serviços constantes da lista anexa, ainda que esses não se constituam como atividade preponderante do prestador."

Assim, o serviço supostamente prestado estaria previsto no item 13.05 – Composição gráfica, fotocomposição, clicheria, zincografia, litografia. Neste sentido, o assunto é polêmico, pois existiria um conflito aparente de competência entre os estados e municípios.

Entretanto, a Lei Complementar nº 116/03 é o veículo normativo adequado que foi introduzido no sistema jurídico a fim de dirimir os conflitos de competência em matéria de ISS e ICMS, prevista nos artigos 146 e 156, I da Carta Magna de 1988, elegendo, assim, no mundo dos fatos, as possíveis materialidades do ISSQN.

No caso em análise, resta verificar se a atividade da Recorrente é uma prestação de serviços de composição gráfica e impressos sob encomenda e personalizados ou mercadoria, venda de cartões.

Destaca a Fiscalização, no Relatório Circunstanciado de fls. 7, algumas características técnicas do denominado "Smart Cards", que foram especificadas pela própria autuada, no documento apresentado à DEAT, quando elaborada a Solicitação de Regime Especial – DOC. Fls. 77, *in verbis*:

[...]

Neste sentido, ENTENDO QUE atestam que tais cartões são mercadorias efetivamente fabricadas no âmbito de um processo industrial sofisticado e não simplesmente uma prestação de serviços gráficos.

[...]

Em sua manifestação fiscal, o AFR autuante esclareceu que os cartões magnéticos referente ao AIIM em questão são os cartões bancários com *chip, smart cards* para bancos, classificados no código TIPI 85.23.52.00, conforme descrito no Relatório Circunstanciado e parte integrante do AIIM.

À [*sic*] meu ver, apesar do contrato ter sido denominado como de prestação de serviços, o mesmo diz respeito, preponderantemente, ao fornecimento de cartões, tais como mercadorias e portanto, sujeitos à incidência do ICMS de competência estadual. Os cartões ora em questão são produzidos pela autuada com chips eletrônicos, utilizando-se processo complexo e de alta tecnologia, conforme se verifica em razão de todo maquinário e documentos acostados pela autuada.

Assim, entendo ter ocorrido, portanto, o fornecimento de mercadorias – cartões inteligentes, ainda que tenham os mesmos, posteriormente, passado por uma personalização do produto destinado à usuário específico. Assim, em que pese os argumentos da recorrente, e os detalhados esclarecimentos de fabricação para uso personalizado dos usuários dos cartões, clientes do Banco Bradesco, entendo que a Recorrente não logrou êxito em fazer prova de prestação de serviços, na modalidade composição gráfica, tributados pelo ISSQN. Mas, muito pelo contrário, no meu sentir, pelo exposto, restou caracterizada a produção e fornecimento dos 'smart cards', tais como mercadorias sujeitas à incidência do ICMS. Embora, tais mercadorias tenham sido personalizadas e individualizadas ao seu usuário, tais como nome do cliente, holograma da bandeira, faixa de crédito disponibilizado, estes dados informativos não constituem a atividade preponderante na sua fabricação de alta tecnologia. Nesta linha de raciocínio, entendo que andou bem o I. Julgador *a quo* nos fundamentos de sua decisão e que a acusação deve ser mantida.

[...]

Diante do exposto e pelo que dos autos consta, CONHEÇO do presente Recurso da Autuada e dou-lhe PARCIAL provimento, mantendo integralmente o AIIM exordial, porém limitando os juros no patamar da SELIC. Quanto ao Recurso interposto pelo responsável solidário Bradesco, conheço do recurso e dou-lhe provimento, a fim de excluí-lo da relação jurídica tributária. É como voto. (Destaques e grifos nossos)

Por outro lado, insta transcrever também trechos do Voto-Vista do Julgador Fellipe Guimarães Freitas, que, de maneira diametralmente oposta à decisão da Relatora do Recurso Ordinário nº 4.034.059-4, entendeu que sobre essas atividades incide apenas o ISSQN:

> VOTO DE VISTA – Juiz: FELLIPE GUIMARÃES FREITAS
>
> Ementa: **ICMS – INFRAÇÕES TRIBUTÁRIAS – DOCUMENTOS FISCAIS E IMPRESSOS GRÁFICOS – ICMS X ISS** – CARTÕES MAGNÉTICOS INTELIGENTES COM 'CHIPS' ('SMART CARDS') – COMPOSIÇÃO GRÁFICA – CADEIA PRODUTIVA DE SERVIÇOS BANCÁRIOS – RESPONSABILIDADE TRIBUTÁRIA – IMPOSTO EXIGIDO POR SOLIDARIEDADE – INEXISTÊNCIA DE INTERESSE COMUM OU PROVEITO ECONÔMICO DEVIDAMENTE COMPROVADOS – AUSÊNCIA DE DEMONSTRAÇÃO DA PARTICIPAÇÃO DO DEVEDOR SOLIDÁRIO EM CONLUIO PARA FRAUDE / DOLO / SIMULAÇÃO. AUTO DE INFRAÇÃO CANCELADO – RECURSOS ORDINÁRIOS PROVIDOS.
>
> [...]
>
> II – *b)* Da atividade desenvolvida pelo Autuado e o regime tributário incidente (ICMS x ISS)
>
> Consoante bem relatado pela fiscalização e desenhado na Defesa Administrativa do Autuado, a operação específica objeto do presente Auto de Infração parece de simples compreensão.
>
> O "Banco Bradesco" no desempenho das suas atividades precisa fornecer os meios pertinentes para os seus clientes pessoas físicas ou pessoas jurídicas acessarem suas respectivas contas correntes e realizarem transações financeiras e demais serviços bancários regulares no mercado financeiro, de forma personalizada, confidencial e segura.
>
> **Poderiam as Instituições Financeiras como o "Banco Bradesco" produzirem diretamente os Cartões Magnéticos para os seus correntisas utilizarem de maneira personalizada, dentro da regular atividade de 'fornecimento, emissão, reemissão, renovação e manutenção de cartão magnético, cartão de crédito, cartão de débito, cartão salário e congêneres' (Lei Complementar 116/03 – Lista de Serviços – item 15.14).**
>
> **Contudo, por alguma razão mercadolódica ou estratégica, provavelmente para focarem em sua finalidade principal, as Instituições Financeiras como o "Banco Bradesco" preferem terceirizar essa operação para pessoas jurídicas como o Atuado que possuem como "core business" exatamente esse tipo de atividade.**

[...]

Com certeza ninguém se proporia a "vender" o seu próprio Cartão Magnético Comum ou Inteligente (com ou sem 'chip') para terceiros como um produto sujeito à circulação no mercado, exatamente por ser um suporte físico personalizado, com tecnologia cada vez mais avançada para assegurar o sigilo de dados e segurança nas transações financeiras.

E nada obsta que o Autuado seja contribuinte de ICMS em relação a operações diversas com tecnologia de 'chip' no ramo de processamento de dados para outras finalidades, contando inclusive com o Regime Especial para contemplar essas demais atividades.

Claro que a tecnologia do "chip" como bem observou o Autuante pode ser empregada de inúmeras maneiras e a depender de cada uma delas, poder-se-ia cogitar da incidência de ICMS, mas não estamos lidando com as infindáveis alternativas de utilização do "chip", mas sim o seu uso específico em Cartão Magnético Bancário para o posterior fornecimento aos correntistas do Cliente "Banco Bradesco" para realizar operações financeiras mais seguras.

Caso assim não fosse, atingiríamos a conclusão de que se a própria Instituição Financeira confeccionasse os aludidos Cartões Magnéticos estaria sujeita ao ICMS, configurando não somente devedor Solidário como principalmente contribuinte propriamente dito. E não precisaríamos nem nos distanciarmos muito do presente caso concreto, pois se o 'Banco Bradesco' consiste em encomendante e o Cartão Magnético Bancário será fornecido para ele mesmo entregar aos seus correntistas, prevalecendo essa premissa fiscal de incidência do ICMS, a operação subsequente nos casos de cobrança de taxas dos seus clientes seria objeto de emissão de nota fiscal do referido imposto estadual.

Em meu sentir, o ICMS deve incidir sobre bens com ou sem suporte físico produzidos ou confeccionados com a finalidade de circulação no mercado, e não sobre bens com ou sem suporte físico produzidos ou confeccionados de forma personalizada para uso pessoal do correntista em transações bancárias no mercado financeiro, seja o Cartão Magnético Comum ou o Cartão Magnético Inteligente com "Chip" e seja o mesmo preparado pela Instituição Financeira ou por terceiros como o Autuado.

[...]

Creio que a atividade do Autuado seja uma prestação de serviços entendida como insumo para os serviços bancários prestados pelo 'Banco Bradesco', exatamente por consistir uma fase específica da cadeia, sendo

possível seu equadramento na posição 15.14 ("fornecimento, emissão, reemissão, renovação e manutenção de cartão magnético, cartão de crédito, cartão de débito, cartão salário e congêneres") ou na posição 13.05 ("composição gráfica, fotocomposição, clicheria, zincografia, litografia, fotolitografia"), ambas da Lista de Serviços da Lei Complementar 116/03, mas não uma mercadoria sujeita ao ICMS.

A despeito de entender que essa discussão sobre a posição correta na Lista de Serviços da Lei Complementar 116/03 seja uma preocupação do Ente Municipal fora da alçada desse Egrégio Tribunal de Impostos e Taxas – TIT/SP, não prejudica anotar que a dicção da posição 15 permite expressamente a interpretação de serem "serviços relacionados ao setor bancário ou financeiro, inclusive aqueles prestados por instituições financeiras autorizadas a funcionar pela União ou por quem de direito", ou seja, não se limitam a serviços bancários ("serviços relacionados") prestados pelas instituições financeiras (inclusive prestados por instituições financeiras), sendo possível alcançar a presente atividade em comento. Corroborando esse posicionamento, podemos ainda rememorar o precedente desse Egrégio Tribunal de Impostos e Taxas – TIT/SP com resultado favorável à mesma situação presente nos autos (AIIM 4.031.673-7 – 11ª Câmara).

Portanto, considerando a minha interpretação sobre a legislação de regência e em análise do caso concreto e a operação específica narrada nos autos, voto no sentido de reconhecer a inincidência [*sic*] do ICMS sobre os Cartões Magnéticos Comuns e/ou Inteligentes com "Chips" ("Smart Cards") fornecidos pelo Autuado de forma pesonalizada por encomenda do 'Banco Bradesco', para posterior entrega aos seus correntistas dentro da cadeia de serviços bancários para acesso à conta corrente e demais transações financeiras. (Destaques nossos)

De maneira contrária ao voto vencedor do julgamento acima, a Décima Primeira Câmara do TIT-SP, ao julgar o Recurso Ordinário nº 4.031.673-7, entendeu, por maioria de votos, que haveria incidência de ISSQN e não de ICMS no caso em tela. Vejamos trecho do Voto vencedor da Relatora Maria Cristina Diniz Machado:

[...]

Com a devida vênia do I. Representante Fiscal e do I. Juiz com vista, gostaria apenas de fazer algumas considerações:

1. não são os chips o objeto da autuação, mas sim *"smart cards"*, ou seja, o resultado do trabalho que a recorrente desenvolve;

2. se o foco da acusação fosse o chip, poder-se-ia cogitar de venda dos mesmos à instituição financeira, com remessa ficta para a confecção dos cartões; no entanto, sendo o cartão o foco da acusação e os insumos, em sua maioria, remetido pela instituição bancária, não há que se falar em venda do mesmo, mas agregação do valor do chip na prestação de serviços;

3. o fisco poderia cobrar o valor do ICMS dos insumos para a fabricação do chip que foi diferido ou suspenso na entrada, por força de Regime Especial, mas não pela confecção do cartão de crédito/débito que, segundo o STJ, está sujeito ao ISS, sob a ressalva de que, se assim é, não haveria de ser tributado o fornecimento do cartão, que, no primeiro fornecimento é gratuito, não havendo base de cálculo para a incidência do ISS.

Esclareço, ainda, que o paralelo com o AIIM 3.095.537-3 foi feito apenas para justificar a não prevalência do entendimento de que incidiria ICMS sobre produtos que são posteriormente distribuídos gratuitamente, os quais, segundo a Portaria CAT 54/81, seriam tributados pelo ICMS, por serem exceção ao que se considera 'personalizado'. Aqui, os cartões inteligentes são distribuídos gratuitamente, mas não deixam de ser personalizados, sob a ótica do STJ, que assim os considera, mesmo havendo uma etapa intermediária entre a confecção e o consumo e também no referido AIIM assim foi decidido.

A ADIN 4389 tem pertinência à discussão dos autos, na medida em que consiste na exceção à lógica de que incide o ISS sobre os impressos personalizados; a nova lógica é no sentido de que, se estes estiverem no ciclo de comercialização, são tributados pelo ICMS. Fiz o paralelo para justificar não se a moldar ao presente caso a lógica desenvolvida no STF. Os cartões inteligentes, tais quais os cartões magnéticos, não estão no ciclo de comercialização.

Mantenho, pois, o voto proferido. [...]

Cumpre esclarecer, que as decisões supracitadas, tanto da Primeira (Recurso Ordinário nº 4.034.059-4), como também da Décima Primeira Câmara (Recurso Ordinário nº 4.031.673-7), do TIT-SP, permanecem em vigor, porquanto, em ambos os casos, os julgamentos dos respectivos Recursos Especiais interpostos pelas partes interessadas ainda não foram concluídos pela Câmara Superior do aludido Tribunal.

Contudo, a Câmara Superior do TIT-SP, que é a Instância máxima daquele Tribunal, julgou, recentemente, o mérito desta questão ao apreciar o Recurso Especial do contribuinte nº 4.031.675-0 e, por maioria de votos, decidiu que há incidência de ICMS no caso em tela, tal como externado no Voto-Vista vencedor do Juiz Inacio Kazuo Yokoyama. Vejamos trechos do referido Voto:

> [...]
>
> 1. Pedi vista dos presentes autos para analisar melhor o voto do i. Relator, cujo bem elaborado Relatório, passo a adotar.
>
> 2. Acompanho o i. Relator em suas razões para conhecer os recursos especiais do contribuinte, quanto à alegação de não incidência do ICMS, e da Fazenda Pública Estadual.
>
> 3. No mérito, peço licença para discordar em ambos os recursos.
>
> 4. No tocante ao recurso especial do contribuinte, entendo que não lhe assiste razão.

Atento que a Resposta à Consulta 732/2010 não é norma geral e abstrata, mas veicula o entendimento da Consultoria Tributária desta Secretaria da Fazenda, que coincide com o meu entendimento para os presentes autos.

Assim, tomo para decidir os jurídicos fundamentos da referida Resposta à Consulta 732/2010, que assim expressou:

> [...]
>
> Nesse sentido, sirvo-me do entendimento do i. Dr. Valério Pimenta Moraes, nos autos do AIIM 4.026.211-0, que consignou, in verbis:
>
> *'Contudo, em que pese seu esforço argumentativo,* ***forçoso concluir-se de modo diverso, pela incidência do ICMS, isto porque à vista do quanto se evidenciou pela ação fiscal, está-se diante de verdadeiro caso de circulação de mercadorias, na medida em que os chamados 'smart cards' não podem ser traduzidos como espécies da composição gráfica.***
>
> ***Desta feita, para o aparente conflito entre o ISS e o ICMS nos serviços gráficos, a solução encontra-se no papel que essa atividade tem no ciclo produtivo. No caso, os clientes da d. Recorrente – instituição financeira - não estão solicitando que sejam inseridos serviços de composição gráfica nos cartões, mas, antes, adquirindo cartões inteligentes – chamados 'smart cards' –, evidentemente, com as características que atendam ao objetivo por eles almejado, ou seja, preponderantemente possibilitando a seus correntistas o acesso pleno de suas contas bancárias.***

Assim, entendo como densamente caracterizado esse tipo de atividade como de circulação de mercadorias (venda), ainda que os 'smart cards' tenham sido confeccionados de acordo com algumas especificações periféricas do cliente – instituição financeira – em sua apresentação final – ponto este não preponderante para a definição do bem -, e não como contratação de serviços.

[...]

Assim, doravante, provavelmente esta será a linha de entendimento do Tribunal de Impostos e Taxas do Estado de São Paulo (TIT-SP), qual seja, de que incide ICMS na confecção e fornecimento de cartões bancários inteligentes (*smart cards*).

Assim, ainda não temos, ao menos até o fechamento deste livro, nenhum julgamento concluído pela Câmara Superior do TIT-SP, que é a Instância máxima daquele Tribunal, o qual decidirá, de forma definitiva, qual tributo incide no caso em comento.

Por outro lado, devemos mencionar, também, como vem julgando o Conselho Municipal de Tributos do Município de São Paulo.

Nesse passo, podemos citar o julgamento, pela Terceira Câmara Julgadora, do Recurso Ordinário Processo Administrativo nº: 6017.2016/0013246-3, do qual podemos extrair os seguintes trechos do Voto do Conselheiro Relator Ricardo Scravajar Gouveia:

RELATÓRIO

Descrição da Infração: Deixou de recolher no prazo regulamentar o ISS referente a serviço não declarado em nota fiscal de serviços eletrônica – NFS-E. Serviço sujeito a alíquota de 2%, conforme art. 16 da Lei nº 13701/03. Item 13.04 da Lista de Serviços, conforme artigo primeiro da Lei nº 13701/03.

Estando obrigado ao pagamento do ISS, deixou de emitir os documentos fiscais previstos em regulamento.

Acompanham os processos nºs 2012-0.334.602-2 e 6017.2016/0000133-4. VOTO

A questão central objeto do presente recurso cinge-se a controvérsia entre a tributação da atividade contida nas notas fiscais às fls. 114/124 pelo ISS ou ICMS. Inicialmente, cumpre registrar que, inobstante a D. Fiscalização tenha consignado quando da lavratura do Auto de Infração nº 67.150.675 que 'a atividade exercida enquadra-se no **item 13.04**[77] **da Lista de Serviços, conforme**

[77] 13.04 Reprografia, microfilmagem e digitalização.

o artigo 1, da Lei nº 13.701/2003', entendo que a atividade que ocasionou as notas fiscais supramencionadas a empresa MARY KAY LTDA. **enquadra-se no item 13.05 da Lista de Serviços pelas definições abaixo evidenciadas.**

O item 13.05 dispõe:

'Item 13.05 – Composição gráfica, fotocomposição, clicheria, zincografia, litografia e fotolitografia.'

[...]

Assim, entendo que a atividade desenvolvida pela Recorrente que originou a emissão das notas fiscais elencadas às fls. 114/124 é a de fotolitografia, contida no item 13.05 da Lista de Serviços.

Superada essa questão fática introdutória, passo a análise de questão preliminar, suscitada *ex oficio* – prejudicialidade externa -, dada a ausência de pacificação de nossos Tribunais Superiores sobre o tema (ISS X ICMS).

[...]

2. **As operações de composição gráfica, como no caso de impressos personalizados e sob encomenda, são de natureza mista, sendo que os serviços a elas agregados estão incluídos na Lista Anexa ao Decreto-Lei 406/68 (item 77) e à LC 116/03 (item 13.05). Consequentemente, tais operações estão sujeitas à incidência de ISSQN (e não de ICMS), Confirma-se o entendimento da Súmula 156/STJ: 'A prestação de serviço de composição gráfica, personalizada e sob encomenda, ainda que envolva fornecimento de mercadorias, está sujeita, apenas, ao ISS.' Precedentes de ambas as Turmas da 1ª Seção.**

3. Recurso especial provido. Recurso sujeito ao regime do art. 543-C do CPC e da Resolução STJ 08/08." (STJ, REsp nº 1.092.206/SP, Rel. TEORI ALBINO ZAVASCKI, Primeira Seção, julg. 11.03.2009, publ. 23.03.2009).

Isso, ainda, corroborado pela edição da Súmula nº 156 também do E. Superior Tribunal de Justiça:

"A prestação de serviço de composição gráfica, personalizada e sob encomenda, ainda que envolva fornecimento de mercadorias, está sujeita, apenas, ao ISS." (STJ, Súmula nº 156, Primeira Seção, julg. 22.03.1996)

Em sentido diverso, o Plenário do E. SUPREMO TRIBUNAL FEDERAL no julgamento da Medida Cautelar na ADI nº 4.389/DF, de relatoria do Joaquim Barbosa, quando da apreciação da medida liminar, assim decidiu:

"[...]

Até o julgamento final e com eficácia apenas para o futuro (*ex nunc*), concede-se medida cautelar para interpretar o art. 1º, caput e § 2º, da Lei Complementar 116/2003 e o subitem 13.05 da lista de serviços anexa, para reconhecer que o ISS não incide sobre operações de industrialização por encomenda de embalagens, destinadas à integração ou utilização direta em processo subsequente de industrialização ou de circulação de mercadoria. Presentes os requisitos constitucionais e legais, incidirá o ICMS." (STF, MC na ADI nº 4.389, Pleno, julg. 13.04.2011, publ. 25.05.2011)

Esse, aliás, é o recente entendimento manifestado pela Colenda Segunda Turma do E. Superior Tribunal de Justiça quando do julgamento do AgRg no REsp nº 1.310.728/SP, Relator HUMBERTO MARTINS, adequando ao posicionamento anterior transcrito, *verbis*:

"[...]

1. A Primeira Seção do STJ, em 11.3.2009, no julgamento do REsp 1.092.206/SP, de relatoria do Min. Teori Albino Zavascki, submetido ao rito dos recursos repetitivos nos termos do art. 543- C do CPC e da Resolução 8/2008 do STJ, consolidou entendimento segundo o qual 'as operações de composição gráfica, como no caso de impressos personalizados e sob encomenda, são de natureza mista, sendo que os serviços a elas agregados estão incluídos na Lista Anexa ao Decreto-Lei 406/68 (item 77) e à LC 116/03 (item 13.05). Consequentemente, tais operações estão sujeitas à incidência de ISSQN (e não de ICMS), Confirma-se o entendimento da Súmula 156/STJ: 'A prestação de serviço de composição gráfica, personalizada e sob encomenda, ainda que envolva fornecimento de mercadorias, está sujeita, apenas, ao ISS'.

2. Contudo, em 13.4.2011 o Pleno do Supremo Tribunal Federal no julgamento da Medida Cautelar na ADI 4389, Rel. Min. Joaquim Barbosa, reconheceu que não incide ISS sobre operações de industrialização por encomenda de embalagens, destinadas à integração ou utilização direta em processo subsequente de industrialização ou de circulação de mercadoria.

3. Ante a possibilidade de julgamento imediato dos feitos que versem sobre a mesma controvérsia decidida pelo Plenário do STF em juízo precário, é necessária a readequação do entendimento desta Corte ao que ficou consolidado pelo STF no julgamento da ADI 4389-MC.

4. Hipótese em que o Tribunal de origem manifestou-se no mesmo sentido do entendimento exarado pelo STF, não merecendo reforma o acórdão estadual. Agravo regimental provido." (STJ, AgRg no REsp nº 1.310.728/SP, Rel. Min. HUMBERTO MARTINS, Segunda Turma, julg. 02.06.2016, publ. 13.06.2016)

Diante desse quadro de incertezas quanto a correta tributação, bem como da necessidade precípua da administração primar pela segurança jurídica e ainda, da impossibilidade de definir com segurança tanto para a Municipalidade como para a Recorrente se a tributação deverá ocorrer pelo ISS ou ICMS, entendo prematuro qualquer posicionamento no sentido de reconhecer a exigibilidade do ISS ou mesmo afastá-la para fins de atribuir a exigibilidade do ICMS.

[...]

Inobstante minhas considerações anteriormente exteriorizadas no presente voto, ante a sua superação, entendo que o posicionamento a ser seguido por esse E. Conselho Municipal de Tributos por tratar-se de entendimento firmado pela mais alta corte do país (SUPREMO TRIBUNAL FEDERAL, nos autos da MC na ADIN nº 4.389/DF) é da tributação pelo ICMS, o que, demonstra, a inexigibilidade do ISS no presente caso.

Nestas condições, CONHEÇO do Recurso Ordinário, rejeito a preliminar arguida quanto a nulidade da decisão proferida em 1ª instância e no mérito lhe DOU PROVIMENTO, para cancelar o Auto de Infração nº 67.150.675 e cancelar parcialmente o Auto de Infração nº 67.150.691 retificando o valor devido apenas para constar como base de cálculo o Auto de Infração nº 67.150.683, ressaltando que, em relação a este, já houve a extinção do crédito pelo pagamento.

São Paulo, 23 de novembro de 2016. (Destaques nossos)

Desse modo, percebe-se que o entendimento da Terceira Câmara Julgadora do Conselho Municipal de Tributos do Município de São Paulo, externado na decisão do julgamento do Recurso Ordinário Processo Administrativo nº: 6017.2016/0013246-3, foi contrário à própria Solução de Consulta SF/DEJUG nº 1, de 4 de janeiro de 2010, que deixou claro que *"O assunto aqui discutido já foi objeto de súmula no STF (Súmula nº 156) e de outros precedentes judiciais, de modo que [...] Não incide o imposto sobre a confecção de impressos genéricos, que não tenham sido encomendados por um cliente específico."*

Tendo a Solução de Consulta SF/DEJUG nº 1, de 4 de janeiro de 2010, concluído, aliás, que *"Incidirá somente o ISS na confecção de produtos gráficos personalizados, ainda quando venham a integrar produtos destinados à industrialização ou comercialização."*

Portanto, percebe-se que, perante o Conselho Municipal de Tributos do Município de São Paulo, a questão ainda não está pacificada.

Capítulo 10
Tributação dos *Smart Cards* - Análise de Decisões Judiciais

O Poder Judiciário já havia encerrado a discussão quanto à incidência do ISSQN sobre cartões magnéticos.

Tanto é verdade, que foram editadas as Súmulas 143, do extinto Tribunal Federal de Recursos e 156, do STJ, que, respectivamente, dispõem:

> **Súmula 143 do TFR**: Os serviços de composição gráfica e **impressão gráficas, personalizados**, previstos no artigo 8º, § 1º, do Decreto-lei n. 406, de 1968, com as alterações introduzidas pelo Decreto-lei n. 834, de 1969, **estão sujeitos apenas ao ISS**, não incidindo o IPI. (Destaques nossos)

> **Súmula 156 do STJ**: A prestação de serviço de composição gráfica, **personalizada e sob encomenda**, ainda que envolva fornecimento de mercadorias, **está sujeita, apenas, ao ISS**. (Destaques nossos)

Ocorre, que o Estado de São Paulo está tentando ressuscitar sua tese de incidência de ICMS sobre cartões bancários, há muitos anos já sepultada pelo Poder Judiciário.

Na verdade, a Consultoria Tributária da SEFAZ-SP pretende com a Resposta à Consulta nº 732/2010, que é totalmente desprovida de embasamento jurídico, invocar a regra inserta no artigo 2º, da Portaria CAT nº 54, do Coordenador da Administração Tributária da Secretaria da Fazenda do Estado de São Paulo, publicada em 17 de outubro de 1981, mormente em relação aos materiais de embalagens, bem como o entendimento fazendário contido em resposta à Consulta Tributária nº 5960, de 11 de dezembro de 2015, procurando equiparar o produto *Sim Card*, utilizado na telefonia celular, com o *Smart Card*, simplesmente por ser um cartão com *chip* integrado.

Em relação à *industrialização por encomenda de embalagens*, visando encerrar o conflito de competências existentes entre os Estados e Distrito Federal (ICMS), e os Municípios (ISSQN), o STF decidiu o seguinte:

> CONSTITUCIONAL. TRIBUTÁRIO. CONFLITO ENTRE IMPOSTO SOBRE SERVIÇOS DE QUALQUER NATUREZA E IMPOSTO SOBRE OPERAÇÕES DE CIRCULAÇÃO DE MERCADORIAS E DE SERVIÇOS DE COMUNICAÇÃO E DE TRANSPORTE INTERMUNICIPAL E INTERESTADUAL. **PRODUÇÃO DE EMBALAGENS SOB ENCOMENDA PARA POSTERIOR INDUSTRIALIZAÇÃO (SERVIÇOS GRÁFICOS).** AÇÃO DIRETA DE INCONSTITUCIONALIDADE AJUIZADA PARA DAR INTERPRETAÇÃO CONFORME AO ART. 1º, *CAPUT* E § 2º DA LEI COMPLEMENTAR 116/2003 E O SUBITEM 13.05 DA LISTA DE SERVIÇOS ANEXA. FIXAÇÃO DA INCIDÊNCIA DO ICMS E NÃO DO ISS. MEDIDA CAUTELAR DEFERIDA.
>
> Até o julgamento final e com eficácia apenas para o futuro (*ex nunc*), concede-se medida cautelar para interpretar o art. 1º, *caput* e § 2º, da Lei Complementar 116/2003 e o subitem 13.05 da lista de serviços anexa, **para reconhecer que o ISS não incide sobre operações de industrialização por encomenda de embalagens, destinadas à integração ou utilização direta em processo subsequente de industrialização ou de circulação de mercadoria.** Presentes os requisitos constitucionais e legais, incidirá o ICMS. (Medida Cautelar na Ação Direta de Inconstitucionalidade nº 4.389, Distrito Federal, Plenário, Rel. Min. Joaquim Barbosa, j. em 13.04.11, *Dje* de 25.05.11) (Destaques nossos)

Embora o julgado do STF tenha decidido pela incidência do ICMS em específicas atividades relativas à *composição gráfica* (objeto do item 13.05 da lista de serviços anexa à Lei Complementar nº 116/03), de nenhum modo isso afeta, ou serve de precedente, para que o Estado de São Paulo passe a exigir o ICMS sobre *smart cards* bancários, porquanto aludida decisão examinou tão somente a questão sobre *"produção de embalagens personalizadas para acondicionamento de mercadorias"*, ou seja, matéria totalmente distinta da do presente trabalho, que circunscreve-se à elaboração de cartões bancários com *chip*.

Em decorrência, o STJ adotou a seguinte postura jurídica:

> TRIBUTÁRIO. ICMS E ISS. SERVIÇOS DE COMPOSIÇÃO GRÁFICA. SÚMULA 156 DO STJA. ADEQUAÇÃO AO ENTENDIMENTO DO SUPREMO TRIBUNAL FEDERAL. ADI 4389-MC.
>
> 1. A Primeira Seção do STJ, em 11.3.2009, no julgamento do REsp 1.092.206/SP, de relatoria do Min. Teori Albino Zavascki, submetido ao rito dos recursos repetitivos nos termos do art. 543-C do CPC e da Resolução 8/2008 do STJ, consolidou o entendimento segundo o qual '*as operações de composição gráfica, como no caso de impressos personalizados e sob encomenda, são de natureza mista, sendo que os serviços a ela agregados estão incluídos na Lista Anexa ao Decreto-Lei 406/68 (item 77) e à LC 116/03 (item 13.05). Consequentemente, tais operações estão sujeitas à incidência de ISSQN (e não de ICMS). Confirma-se o entendimento da Súmula 156/STJ: "A prestação de serviço de composição gráfica, personalizada e sob encomenda, ainda que envolva fornecimento de mercadorias, está sujeita, apenas, ao ISS*'.
>
> 2. Contudo, em 13.4.2011, o Pleno do Supremo Tribunal Federal no julgamento da Medida Cautelar na ADI 4389, Rel. Min. Joaquim Barbosa, reconheceu que não incide ISS sobre operações de industrialização por encomenda de embalagens, destinadas à integração ou utilização direta em processo subsequente de industrialização ou de circulação de mercadoria.
>
> 3. Ante a possibilidade de julgamento imediato dos feitos que versem sobre a mesma controvérsia decidida pelo Plenário do STF em juízo precário, é necessária a readequação do entendimento desta Corte ao que ficou consolidado pelo STF no julgamento da ADI 4389-MC.
>
> 4. Hipótese em que o Tribunal de origem manifestou-se no mesmo sentido do entendimento exarado pelo STF, não merecendo reforma o acórdão estadual.
>
> 5. Agravo regimental provido. (AgRg no Recurso Especial nº 1.392.811-SP (2013/0210713-7, 2ª Turma, Rel. Min. Humberto Martins, j. 09.06.16, *Dje* de 17.06.16).

Mais uma vez, cabe lembrar que essa decisão também não se refere à questão em foco, ou seja, não guarda qualquer relação com a possibilidade, ou não, de incidência de ICMS sobre confecção de cartões inteligentes bancários.

Noutra oportunidade, o STJ decidiu pela incidência do ISSQN, com base no seu verbete sumular 156, em caso que versava justamente sobre a sujeição tributária da confecção de cartões magnéticos e de crédito, mas sem o *chip smart card*. Vejamos:

> TRIBUTÁRIO. PROCESSUAL CIVIL. SERVIÇOS DE COMPOSIÇÃO GRÁFICA. CONFECÇÃO DE CARTÕES MAGNÉTICOS PERSONALIZADOS E SOB ENCOMENDA. NÃO INCIDÊNCIA DE ICMS. APLICAÇÃO DA SÚMULA 156/STJ. MATÉRIA SUBMETIDA AO RITO DOS RECURSOS REPETITIVOS. ANÁLISE DE DISPOSITIVOS CONSTITUCIONAIS. IMPOSSIBILIDADE. COMPETÊNCIA DO STF.
>
> 1. A Primeira Seção do STJ, no julgamento do REsp 1.092.206/SP, Rel. Min. Teori Albino Zavascki, sujeito ao rito dos recursos repetitivos, nos termos do art. 543-C do CPC e da Resolução 8/2008 do STJ, consolidou entendimento segundo o qual '*as operações de composição gráfica, como no caso de impressos personalizados e sob encomenda, são de natureza mista, sendo que os serviços a elas agregados estão incluídos na Lista Anexa ao Decreto-Lei 406/68 (item 77) e à LC 116/03 (item 13.05). Consequentemente, tais operações estão sujeitas à incidência de ISSQN (e não de ICMS)*'. Incidência da Súmula 156 do STJ.
>
> 2. Não cabe ao STJ analisar suposta violação de dispositivos constitucionais, mesmo a título de prequestionamento, sob pena de usurpação da competência do STF. Agravo regimental improvido. (AgRg no AREsp 103.409/RS, Rel. Ministro HUMBERTO MARTINS, SEGUNDA TURMA, julgado em 19/04/2012, DJe 26/04/2012). (Destaques nossos)

Note-se que, no mesmo caso, o STJ apreciou, em sede de embargos de declaração, a questão da industrialização sob encomenda na hipótese de produção de cartões magnéticos sob encomenda para uso próprio da empresa, ou seja, em hipótese em que o produto resultante da encomenda não será utilizado como insumo ou mercadoria.

Neste julgamento, o STJ fez referência à decisão do STF proferida na Ação Direta de Inconstitucionalidade (ADI) nº 4.389, mas, em 12 de junho de 2012, proferiu o entendimento de que a decisão do Supremo Tribunal Federal na ADI nº 4.389/DF não se aplicaria à confecção dos cartões magnéticos sob encomenda por se tratar de situações fáticas distintas, tendo em vista que tais cartões seriam para uso próprio da empresa, uma vez que ela atuaria como consumidora final, ou seja, tais cartões não fariam parte de futuro processo de industrialização ou comercialização.

Portanto, nesse caso, em que o produto encomendado não seria utilizado como insumo ou mercadoria, concluiu que na hipótese incidiria o ISSQN. Confira-se:

> TRIBUTÁRIO. PROCESSUAL CIVIL. **SERVIÇOS DE COMPOSIÇÃO GRÁFICA. CONFECÇÃO DE CARTÕES MAGNÉTICOS PERSONALIZADOS E SOB ENCOMENDA. NÃO INCIDÊNCIA DE ICMS. NÃO APLICAÇÃO DO ENTENDIMENTO DO STF** NA MEDIDA CAUTELAR NA ADI 4389. SITUAÇÕES FÁTICAS DISTINTAS. ANÁLISE DE DISPOSITIVOS CONSTITUCIONAIS. IMPOSSIBILIDADE. COMPETÊNCIA DO STF.
>
> 1. Nos termos do art. 535 do CPC, os embargos declaratórios somente são cabíveis para modificar o julgado que se apresentar omisso, contraditório ou obscuro, bem como para sanar possível erro material existente no acórdão, o que não aconteceu no caso dos autos.
>
> 2. No julgamento da medida cautelar na ADI 4389, o STF reconheceu a não incidência do ISS sobre operações de industrialização por encomenda de embalagens destinadas à integração ou utilização direta em processo subsequente de industrialização ou de circulação de mercadoria.
>
> **3. A incidência do ICMS só ocorrerá nos casos em que a produção de embalagens, etiquetas sob encomenda (personalizada) seja destinada a subsequente utilização em processo de industrialização ou posterior circulação de mercadoria, o que não é o caso dos autos.**
>
> **4. *In casu*, trata-se de produção de cartões magnéticos sob encomenda para uso próprio da empresa. No caso, a embargada atua como consumidora final, ou seja, tais cartões não irão fazer parte de futuro processo de industrialização ou comercialização. Incide, portanto, o ISS** nos termos do que restou determinado pela Primeira Seção do STJ, no julgamento do REsp 1.092.206/SP, Rel. Min. Teori Albino Zavascki, sujeito ao rito dos recursos respetivos, nos termos do art. 543-C do CPC e da Resolução 8/2008 do STJ. (EDcl no AgRg no AREsp 103409/RS, Relator: Ministro HUMBERTO MARTINS; SEGUNDA TURMA; jul: 12/06/2012; DJe 18/06/2012). (Destaques nossos)

Por sua vez, o Tribunal de Justiça do Estado de São Paulo (TJ-SP) decidiu o seguinte, a respeito da incidência exclusiva do ISSQN sobre a elaboração de cartões:

> Ação anulatória de débito fiscal. **Serviços de composição gráfica sob encomenda de clientes determinados: cartões magnéticos. Atividade sujeita ao ISS, e não ao ICMS. Irrelevância de os cartões serem encaminhados a clientes dos clientes [...].**
>
> (Apelação nº 0045831-81.2011.8.26.0068, de Barueri, 11ª Câmara de Direito Público, Rel. Des. Aroldo Viotti, j. em 29.09.15). (Destaques nossos)

Na decisão supra, o TJ-SP examinou lançamento de ICMS (Auto de Infração), por emissão de documentos fiscais referentes a operações tributadas consideradas como não tributadas, com base na Portaria CAT nº 54/81, considerando a saída de Cartões Inteligentes como saída de impressos personalizados.

Do julgado, importa destacar o seguinte trecho:

> [...] as operações realizadas pela autora dizem respeito à confecção de cartões magnéticos ("cartões inteligentes" – "smart cards") sob encomenda de seus clientes, dentre estes, exemplificativamente, instituições financeiras [...];
>
> **Como sabido, os cartões com 'chip' ou tarja magnética destinam-se exclusivamente a clientes determinados, sendo intransferíveis, personalizados. Seu fornecimento não caracteriza circulação de mercadoria.** A esse respeito sugestiva a transcrição de excertos de votos dos próprios julgadores do Tribunal de Impostos e Taxas de São Paulo, nada obstante não tenha sido a final desconstituído administrativamente o auto infracional (fls. 547):
>
> [...]
>
> 13. **Bem se sabe, que os cartões magnéticos são de uso exclusivo do encomendante e não são produtos de prateleira, ou seja, não se pode adquirir os cartões magnéticos da autuada no comércio.**
>
> 14. **Do exposto, os cartões magnéticos são exclusivos e pessoais, estando vinculados a serviços financeiros ou bancários, envolvendo crédito, financiamentos ou movimentação bancária.** (Destaques nossos)

Noutra oportunidade, o TJ-SP também prolatara decisão de natureza jurídica relativamente ao imposto que deva incidir sobre as atividades praticadas no tocante à produção de *smart cards*, como produto final. Vejamos o que diz a ementa do referido julgado:

> AÇÃO DECLARATÓRIA – ICMS – Serviços de composição gráfica – **Confecção de cartões com chip ("smartcards") de forma personalizada**

> **e sob encomenda – Materiais personalizados – Atividade típica de prestação de serviços de composição gráfica com destinação específica por encomenda de terceiros – hipótese incluída na Lista Anexa ao Decreto-Lei 406/68 (item 77) e da LC 116/03 (item 13.05)** – Consequentemente, **tais operações estão sujeitas à incidência de ISSQN e não de ICMS** – precedente do STJ sob o rito dos recursos repetitivos, nos termos do art. 1.036 do Novo CPC – AgRg no AREsp 126.025/RS – Sentença de procedência – Recurso da Fazenda do Estado não provido. (Apelação Cível nº 0029136-97.2011.8.26.0053, Comarca de São Paulo, 7ª Câmara de Direito Público, Rel. Des. Magalhães Coelho, j. em 04.04.16). (Destaques nossos)

Do aludido julgado, importa destacar os seguintes trechos, inclusive com trecho referente a conclusão da Prova Pericial carreada aos autos:

> [...]
>
> Com efeito, a questão posta nos autos, cinge-se em saber qual o imposto deva incidir sobre as atividades praticadas pela Autora no tocante à produção de cartões inteligentes ("smart cards" com chip eletrônico), que é o seu produto final.
>
> Sustenta a Autora que apenas presta serviços de composição gráfica dos cartões a pedido e por encomenda de terceiros, de caráter personalizado e, portanto, sua atividade sujeita-se a imposição do ISS e não do ICMS, uma vez que o eventual fornecimento de mercadoria é de caráter secundário em sua atividade.
>
> A Fazenda do Estado, por sua vez, entendendo que a Autora-Apelada realiza operações mistas, na qual há prestação de serviços, mas também fornecimento de mercadoria, pretende a imposição do ICMS.
>
> A prova pericial elaborada nos autos apurou que a atividade principal da Autora gira em torno da prestação de serviços, mediante encomenda específica do cliente, senão vejamos:
>
> "Com base no que foi observado e documentado fotograficamente na visita realizada à unidade da empresa G&D, sediada na cidade de Itaquaquecetuba-SP e esclarecimentos técnicos obtidos junto aos operadores de máquinas utilizadas no processo apresentado no fluxograma abaixo, posso afirmar que o mesmo consiste em um serviço de personalização de cartões inteligentes do tipo "smart card" [...]. **Os cartões Smart Card são pessoais e intransferíveis, não apresentam nenhum valor comercial e não são vendidos em pontos de venda. Eles são personalizados com os dados dos correntistas**

(usuários finais desses cartões) e enviados aos mesmos pelo correio com procedimento de segurança de última geração, exigidos pelas instituições financeiras (destaque nosso fls. 518/519).

Aliás, a prova pericial é clara e conclusiva ao afirmar que a Autora realiza seus serviços mediante encomenda de clientes, com caráter personalizado, de modo que havendo recusa por qualquer motivo, tornam-se inúteis os produtos confeccionados.

Nesse sentido os produtos confeccionados sob encomenda e de caráter personalizado acham-se fora do comércio, porque servem exclusivamente ao uso dos usuários finais.

Segundo a perícia, os cartões inteligentes não são computadores, pois não detém a capacidade de processamento ou de comunicação autônoma com computadores, mas apenas armazena informações de forma criptografada (fls. 538, item 1.2).

Por fim, deve-se acrescentar que os "cartões bandeirados virgens", "chips em fita", "folhas de PVC", "filme plástico KPA" ou "tintas" fornecidos por terceiros à Autora devem ser enquadrados, naturalmente, como insumos acessórios à contratação dos serviços de composição, impressão e personalização gráfica sob encomenda do usuário final, estas sim, sua atividade-fim e não atividade-meio" (vide laudo pericial de fls. 521/537).

Em outras palavras, os serviços de composição gráfica personalizada prestados pela Autora não consistem em uma simples etapa do processo produtivo de fabricação de cartões; e, sim, na única atividade desenvolvida por ela.

Assentadas essas premissas fáticas, absolutamente indispensáveis para a boa análise da questão, passemos à interpretação e o cotejo das normas constitucionais e infraconstitucionais que regem a matéria. O art. 156, IV, da Constituição Federal, dispõe que compete aos municípios instituir impostos sobre serviços de qualquer natureza não compreendidos no art. 155, I, "b", definidos em lei complementar.

Por outro lado, o art. 155, I, "b", da Constituição Federal reza que aos Estados e Distrito Federal compete instituir impostos sobre operações relativas à circulação de mercadorias e sobre prestação de serviços de transporte interestadual e intermunicipal e de comunicação, ainda que as operações e as prestações se iniciem no exterior.

Verifica-se, portanto, sem maiores dificuldades que a Constituição Federal, remeteu à legislação complementar a tarefa de discriminar aqueles serviços que não compreendido na competência tributária dos Estados e do Distrito Federal (art. 155, I, "b"), estariam sujeitos à tributação municipal.

Isso porque já se apercebera em debates anteriores que certas operações, mercê de peculiares circunstâncias, eram de caráter complexo ou misto, envolvendo, de um lado a prestação de serviços e de outro a circulação de mercadorias.

Aliás, a Constituição Federal no art. 155, IX, "b", ainda uma vez reconhece essa possibilidade de ao dispor que o ICMS "*Incidirá também sobre o valor total de operações, quando as mercadorias forem fornecidas com serviços não compreendidos na competência tributária dos Municípios*".

Daí o porquê se conclui, a contrário senso, que se os serviços estiverem sob a competência municipal, o ICMS não poderá incidir, ao menos sobre o valor total da operação.

Por outro lado, quando da entrada em vigor do novo sistema tributário nacional, instituído pela Constituição de 1.988, vigia norma de caráter complementar (Decreto Lei 406/68) que operava a distinção entre as hipóteses de incidência de um e outro tributo.

Como não havia incompatibilidade nesse aspecto entre o novo sistema tributário e o Decreto Lei nº 406/68, induvidosamente a legislação complementar veio a ser recepcionada pela Constituição de 1.988.

O Decreto-Lei nº 406/68 instituiu uma lista de serviços e ressalvou (§ 1º, art. 8º), que esses ficariam sujeitos apenas ao ISS, ainda que sua prestação envolva fornecimento de mercadorias.

Os serviços prestados pela Autora-Apelada, acham-se previstos na lista então instituída e, portanto, se inserem na competência tributária dos Municípios.

De fato, no item 77 constam os serviços de "composição gráfica, fotocomposição, clicheria, zincografia, litografia e fotolitografia" ao qual se equiparam, evidentemente, à impressão personalizada de cartões inteligentes ("smart cards"). Com a vigência da Lei Complementar nº 116/03, não houve alteração da substância jurídica em debate, uma vez que o antigo item 77 do Decreto-Lei, passou a ser abrigado no item 13.05 da nova lei.

Em arremate, a análise fática e jurídica da matéria em questão leva a inarredável conclusão que a prestação de serviços, sob encomenda de usuários finais, de composição, impressão e personalização gráfica de cartões inteligentes do tipo "smart cards", atividade exercida pela Autora, se sujeita tão-somente à imposição do ISS e não do ICMS.

> [...]
>
> Daí o porquê, nega-se provimento ao recurso, mantendo-se a r. sentença em sua integralidade, inclusive, por seus próprios e sólidos fundamentos. (Destaques nossos)

Portanto, embora o STF tenha decidido pela incidência do ICMS em específicas atividades relativas à *composição gráfica* (objeto do item 13.05 da lista de serviços anexa à Lei Complementar nº 116/2003), de nenhum modo isso afeta, ou serve de precedente, para que o Estado de São Paulo passe a exigir o ICMS sobre *smart cards* bancários, porquanto aludida decisão examinou tão somente a questão sobre *produção de embalagens personalizadas para acondicionamento de mercadorias*, ou seja, referida decisão não guarda qualquer relação com matéria versada no presente trabalho, que circunscreve-se à elaboração de cartões bancários com *chip* (*smart cards*).

Por sua vez, como visto acima, o TJ-SP já se pronunciou, ao menos em duas oportunidades, afastando o entendimento de que haveria incidência de ICMS na confecção de *smart cards* bancários, por entender que esses serviços são realizados *"mediante encomenda de clientes, com caráter personalizado, de modo que havendo recusa por qualquer motivo, tornam-se inúteis os produtos confeccionados"*, bem como porque *"os cartões inteligentes não são computadores, pois não detém a capacidade de processamento ou de comunicação autônoma com computadores, mas apenas armazena informações de forma criptografada."* (Apelação Cível nº 0029136-97.2011.8.26.0053, Comarca de São Paulo, 7ª Câmara de Direito Público, Relator Des. Magalhães Coelho, j. em 04.04.16). (Itálicos nossos)

Capítulo 11
Conclusão

11.1. Não incidência do ICMS sobre Confecção e Fornecimento de *Smart Cards* Bancários

Com base na Resposta à Consulta Tributária nº 732/2010 da Consultoria Tributária da SEFAZ-SP, o Fisco Estadual de São Paulo passou a fiscalizar e autuar as empresas que confeccionam e fornecem *smart cards* bancários.

Com isso, o Estado de São Paulo tem entendido que:

> 16. [...] é importante deixar claro que o produto em análise, descrito pela Consulente, é um tipo de cartão que se diferencia substancialmente dos cartões magnéticos convencionais uma vez que incorpora o aludido 'chip', adquirindo, desta forma, a condição de 'cartão inteligente' ('smart card'), se afastando radicalmente, por sua finalidade e alcance, do mero serviço de 'composição gráfica'.
>
> 16.1. Registre-se que o cartão inteligente está classificado no código 85.23.52.00 cartões inteligentes ('smart cards') da Nomenclatura Comum do Mercosul (NCM), sendo considerado um **produto industrializado** e, na esfera federal, sujeito à incidência do Imposto sobre Produtos Industrializados (IPI). **A produção de tal mercadoria, que comporta um circuito integrado eletrônico (microprocessador) na forma de uma microplaqueta ('chip'), ainda que efetuada sob requisitos especificados pelo cliente, não pode ser considerada como serviço de composição gráfica.**
>
> 16.2. Por consequência, esta Consultoria Tributária já se manifestou, reiteradamente, no sentido de que, no que tange à legislação do ICMS, **entende-se que a produção e comercialização do 'cartão inteligente', que possui**

> **todas as características de uma mercadoria**, ainda que seja industrializado por encomenda, **está no campo de incidência do ICMS.**
>
> 16.3. Corroborando esse entendimento, o Convênio ICMS 135/2006, celebrado por diversos Estados, autoriza a atribuição aos estabelecimentos industriais ou importadores de cartões inteligentes ('Smart Cards' ou 'Sim Card'), na qualidade de sujeitos passivos por substituição, a responsabilidade pela retenção e recolhimento do ICMS devido pela [*sic*] operações subsequentes (cláusula primeira, parágrafo único, inciso IV). O Estado de São Paulo não é signatário do referido convênio por não ter interesse em implementar a substituição tributária a essa hipótese.
>
> 17. Portanto, tanto os cartões a serem fornecidos à Casa da Moeda do Brasil, quanto os demais cartões elaborados pela Consulente que contenham circuito integrado eletrônico (chip), são considerados mercadorias e estão, por regra, sujeitos à incidência do ICMS. (Destaques nossos)

Ou seja, o Estado de São Paulo tem entendido que os *smart cards* seria uma espécie diferente de cartão, que se afasta dos cartões magnéticos convencionais, *"uma vez que incorpora o aludido 'chip', adquirindo, desta forma, a condição de 'cartão inteligente' ('smart card'), se afastando radicalmente, por sua finalidade e alcance, do mero serviço de 'composição gráfica'."* (Resposta à Consulta Tributária nº 732/2010 da Consultoria Tributária da SEFAZ-SP).

Ademais, para fundamentar seu convencimento, tem acrescentado que, por estar classificado no código 85.23.52.00, da Nomenclatura Comum do Mercosul (NCM), os *smart cards* bancários são considerados um produto industrializado, sendo tributado pelo Imposto sobre Produtos Industrializados (IPI) na esfera federal, e, no âmbito estadual, sujeito à incidência do ICMS, uma vez que se trataria de uma mercadoria, *"que comporta um circuito integrado eletrônico (microprocessador) na forma de uma microplaqueta (chip), ainda que efetuada sob requisitos especificados pelo cliente, não pode ser considerada como serviço de composição gráfica."* (Resposta à Consulta Tributária nº 732/2010 da Consultoria Tributária da Secretaria da Fazenda do Estado de São Paulo).

Contudo, passamos, doravante, a analisar se realmente esses *smart cards* podem ser considerados mercadorias, tal como entendeu a Consultoria Tributária da SEFAZ-SP na Resposta à Consulta Tributária nº 732/2010.

Consoante demonstrado em tópicos anteriores, o ISSQN incide sobre a *prestação de serviços* (obrigação de *fazer*), material ou imaterial, enquanto que o ICMS tem como fato gerador a realização de *operações relativas à circulação de mercadorias* (obrigação de *dar*).

Para Clóvis Beviláqua[78],

> [...] a obrigação de *dar* conceitua-se como sendo aquela cuja prestação consiste na entrega de uma coisa móvel ou imóvel, para a constituição de um direito real (venda, doação, etc.), a concessão de uso (empréstimo, locação), ou a restituição ao dono. Já as de *fazer*, conquanto se definam em geral de modo negativo, são todas as prestações que não se compreendem entre as de dar; têm, na verdade, por objeto, um ou mais atos, ou fatos, do devedor, como trabalhos materiais ou intelectuais.

Washington de Barros Monteiro[79] indaga quanto a se *"dar ou entregar é ou não consequência do fazer"*, respondendo assim:

> [...] se o devedor tem de dar ou entregar alguma coisa, não tendo, porém, de fazê-lo previamente, a obrigação é de dar; todavia, se primeiramente, tem ele de confeccionar a coisa para depois de entregá-la, se tem de realizar algum ato; do qual será mero corolário o de dar, tecnicamente, a obrigação é de fazer.

Geraldo Ataliba[80], há mais de trinta anos, dizia que:

> Os tribunais são obrigados a aplicar as regras ou o regime jurídico da 'obrigação de fazer', ou 'de dar', segundo as lições da doutrina que, por sua vez, busca extrair esses critérios das normas jurídicas, e não das designações que as partes tenham adotado.
>
> Ora, se assim é eu penso que nós juristas, que estudamos Direito Tributário, podemos repousar na mesma suposição, e, portanto, usar o mesmo instrumental e seguir a mesma orientação.
>
> Quando estamos diante de um caso – parece-me nítido – em que a Constituição diz que é preciso haja operação mercantil (e eu sei que isso é inquestionável) a operação mercantil configura obrigação 'de dar', e, num outro caso, a Constituição dá a outra pessoa constitucional, competência para tri-

[78] BEVILÁQUA, Clóvis. **Código Civil Comentado.** Rio de Janeiro: Livraria Francisco Alves, 1943, vol. IV, art. 863.

[79] MONTEIRO, Washington de Barros. **Direito das Obrigações.** São Paulo: Saraiva, 1965, p. 95.

[80] ATALIBA, Geraldo. **Conflitos entre ICM-ISS-IPI.** Revista de Direito Tributário. Volumes 7/8, p. 125.

butar um tipo de obrigação 'de fazer' (que é o contrato de locação de serviços) estou muito tranquilo ao dizer: onde eu encontrar na teoria do direito civil, instrumental para reconhecer a obrigação 'de fazer' tenho que dizer não cabe ICM, pode caber ISS'. Onde eu encontre obrigação 'de dar', direito 'não cabe ISS, pode caber ICM.

A legislação nacional separa, discrimina, e distingue nitidamente os âmbitos de incidência do ISSQN e do ICMS, a saber:

> Lei Complementar nº 116/2003:
>
> [...]
>
> Art. 1º. O Imposto sobre Serviços de Qualquer Natureza, de competência dos Municípios e do Distrito Federal, tem como fato gerador a prestação de serviços constantes da lista anexa, ainda que esses não se constituam, como atividade preponderante do prestador.
>
> [...]
>
> § 2º. Ressalvadas as exceções expressas na lista anexa, **os serviços nela mencionados não ficam sujeitos ao Imposto Sobre Operações Relativas à Circulação de Mercadorias** e Prestações de Serviços de Transporte Interestadual e Intermunicipal e de Comunicação – ICMS, **ainda que sua prestação envolva fornecimento de mercadorias**.
>
> (Destaques nossos)

> Lei Complementar nº 87/96:
>
> [...]
>
> Art. 1º. Compete aos Estados e ao Distrito Federal instituir o imposto sobre operações relativas à circulação de mercadorias e sobre prestações de serviços de transporte interestadual e intermunicipal e de comunicação, ainda que as operações e as prestações se iniciem no exterior.
>
> [...]
>
> Art.3º. **O imposto não incide sobre:**
>
> [...]
>
> V – **operações relativas a mercadorias que tenham sido ou que se destinem a ser utilizadas na prestação**, pelo próprio autor da saída, **de serviço de qualquer natureza, definido em lei complementar como sujeito ao imposto sobre serviços, de competência dos Municípios**, ressalvadas as hipóteses previstas na mesma lei complementar.
>
> (Destaques nossos)

Na realidade jurídica, não se trata de *operações* e nem de *mercadorias*, mas de bens materiais utilizados na prestação de serviços sujeitos à incidência do ISSQN.

O exame dos textos básicos do ISSQN (Lei Complementar nº 116/2003) e do ICMS (Lei Complementar nº 87/96) mostra claramente que na prestação de serviços de qualquer natureza, de competência municipal, (i) regra geral, somente incide o ISS sobre os serviços definidos na lei complementar, ainda que envolvam o fornecimento de bens; e, (ii) por exceção, poderá incidir o ICMS nas expressas e específicas situações em que haja ressalva da incidência do ICMS sobre os materiais aplicados.

Percorrendo os olhos na lista de serviços anexa à Lei Complementar nº 116/2003, verifica-se que, em pouquíssimos itens (7.02, 7.05, 14.01, 14.03 e 17.11) menciona-se a ressalva da incidência do ICMS sobre mercadorias, partes, peças, alimentos e bebidas.

Nos demais serviços que compreendam a aplicação, emprego ou utilização de bens materiais, etc., a Lei Complementar nº 116/2003 não cogita a exigência do ICMS, como fora o caso do item 13.05 relativo aos serviços de *"composição gráfica, fotocomposição, clicheria, zincografia, litografia e fotolitografia"*.

Somente com a edição da Lei Complementar nº 157/2016, é que o referido item 13.05 passou a compreender a incidência do ICMS em situações específicas. Vejamos:

> 13.05 – **Composição gráfica**, inclusive **confecção de impressos gráficos**, fotocomposição, clicheria, zincografia, litografia e fotolitografia, **exceto se destinados a posterior operação de comercialização ou industrialização, ainda que incorporados de qualquer forma, a outra mercadoria que deva ser objeto de posterior circulação tais como bulas, rótulos, etiquetas, caixas, cartuchos, embalagens e manuais técnicos e de instrução, quando ficarão sujeitos ao ICMS.** (Destaques nossos)

Constata-se que a mencionada alteração normativa não tem a virtude jurídica de prejudicar, de nenhuma forma, o procedimento observado pelas empresas que atuam no mercado de confecção, impressão e fornecimento desses *smart cards*, relativo à exclusiva incidência do ISSQN.

Realmente, não se trata de incidência do ICMS relativo a cartões inteligentes bancários, além do fato de que os cartões são confeccionados de modo personalizado, de acordo com os dados pessoais do usuário, sob encomenda, para destinatário final (consumidor final), não sendo objeto de utilização em qualquer outra etapa de circulação mercantil.

Por sua vez, em relação ao fornecimento de cartões bancários, estes estão previstos no item 15.14, da lista de serviços anexa à Lei Complementar nº 116/2003, contendo a seguinte redação:

> 15.14 – **Fornecimento**, emissão, reemissão, renovação e **manutenção de cartão magnético, cartão de crédito, cartão de débito, cartão salário e congêneres**. (Destaques nossos)

Assim, ainda que se cogitasse que essas empresas estariam fornecendo cartões de crédito e débito, mesmo que com a inserção de um *chip*, não desnatura a prestação de serviço, a qual está prevista no item 15.14 da lista de serviços anexa à Lei Complementar nº 116/2003.

Ademais, deve ser levado em consideração que o *chip*, diferentemente do entendimento da Consultoria Tributária da SEFAZ-SP, e os demais materiais, tais como insumos e matérias-primas, não são adquiridos por essas empresas com o propósito de revenda, nem tampouco com finalidade de circulação mercantil, não estando, pois, sujeitos ao ICMS, já que esse *chip* integrará um cartão bancário, cuja venda é proibida, já que o Banco Central do Brasil (BACEN) estipula tarifas para a prestação dos serviços relacionados aos cartões bancários e que pode funcionar independentemente desse *chip*.

Aliado ao conceito de mercadoria, conforme já exposto anteriormente em tópico específico, cumpre ressaltar que o Poder Judiciário tem entendido que:

> A mercadoria é a que está no comércio, pode ser vendida pelo comerciante ou mercador. [...] Teoricamente, portanto, somente se denomina de mercadoria o objeto ou a coisa adquirida pelo comerciante ou mercador, para servir de objeto de seu comércio, isto é, para ser revendida. (REsp 542.956/CE, Rel. Ministro FRANCISCO PEÇANHA MARTINS, SEGUNDA TURMA, julgado em 09/08/2005, DJ 26/09/2005, p. 297)
>
> Considera-se, demais disso, que esta egrégia Corte, por vezes seguidas, tem firmado entendimento no sentido de que 'para efeito da incidência do ICM, somente se entende como mercadoria (cuja circulação constitui fato imponível) o objeto ou coisa adquirida pelo comerciante (ou mercador) para servir ao objetivo de sua mercancia. [...] (REsp 68.455/SP, Rel. Ministro MILTON

LUIZ PEREIRA, PRIMEIRA TURMA, julgado em 15/12/1995, DJ 18/03/1996, p. 7530)

O *chip*, assim como a tinta, o papel, o policarbonato, etc., são mercadorias apenas nas hipóteses em que integram o mercado, quando objeto de operações mercantis. Não possuem a qualidade de serem em todos os contextos, eterna e invariavelmente, mercadorias e atraírem, assim, a incidência do ICMS.

Tais materiais, nas atividades dessas empresas prestadoras de serviços de composição gráfica e confecção de impressos gráficos são apenas substrato físico para o cumprimento da obrigação de fazer, encomendada pelo tomador do serviço, de forma personalizada, e não bens adquiridos com o propósito de revenda, de mercancia.

É bem verdade que o STF, a fim de dirimir conflito de competências entre os Estados e Distrito Federal (ICMS), e os Municípios (ISS), acerca de *"industrialização por encomenda de embalagens"*, ao julgar a Medida Cautelar na Ação Direta de Inconstitucionalidade nº 4.389, decidiu que:

> CONSTITUCIONAL. TRIBUTÁRIO. CONFLITO ENTRE IMPOSTO SOBRE SERVIÇOS DE QUALQUER NATUREZA E IMPOSTO SOBRE OPERAÇÕES DE CIRCULAÇÃO DE MERCADORIAS E DE SERVIÇOS DE COMUNICAÇÃO E DE TRANSPORTE INTERMUNICIPAL E INTERESTADUAL. PRODUÇÃO DE EMBALAGENS SOB ENCOMENDA PARA POSTERIOR INDUSTRIALIZAÇÃO (SERVIÇOS GRÁFICOS).
>
> AÇÃO DIRETA DE INCONSTITUCIONALIDADE AJUIZADA PARA DAR INTERPRETAÇÃO CONFORME AO ART. 1º, *CAPUT* E § 2º DA LEI COMPLEMENTAR 116/2003 E O SUBITEM 13.05 DA LISTA DE SERVIÇOS ANEXA. FIXAÇÃO DA INCIDÊNCIA DO ICMS E NÃO DO ISS. MEDIDA CAUTELAR DEFERIDA.
>
> Até o julgamento final e com eficácia apenas para o futuro *(ex nunc)*, concede-se medida cautelar para interpretar o art. 1º, *caput* e § 2º, da Lei Complementar 116/2003 e o subitem 13.05 da lista de serviços anexa, para reconhecer que o ISS não incide sobre operações de industrialização por encomenda de embalagens, destinadas à integração ou utilização direta em processo subsequente de industrialização ou de circulação de mercadoria. Presentes os requisitos constitucionais e legais, incidirá o ICMS. (Medida Cautelar na Ação Direta de Inconstitucionalidade nº 4.389, Distrito Federal, Plenário, Rel. Min. Joaquim Barbosa, j. em 13.04.11, *Dje* de 25.05.11).

Contudo, embora o julgado do STF tenha decidido pela incidência do ICMS em específicas atividades relativas à *composição gráfica* (objeto do item 13.05 da lista de serviços anexa à Lei Complementar nº 116/2003), de nenhum modo afeta as atividades realizadas por essas empresas, porquanto a decisão examinou a *"produção de embalagens personalizadas para acondicionamento de mercadorias"*, ou seja, matéria totalmente distinta da versada neste trabalho, o qual trata de confecção de *smart cards* bancários.

Ademais, o cartão de policarbonato com *chip* personalizado de acordo com as especificações do cliente possui valor agregado em si mesmo, pois não são utilizados os referidos dados individuais impressos e/ou criptografados no *chip*.

Vê-se, pois, que, no caso dos cartões inteligentes bancários, estes são entregues por estas empresas diretamente aos clientes das instituições financeiras, de modo que se encontram fora da circulação mercantil, excluídos da mercancia, pois, não apenas não têm qualquer utilidade a terceiros, como também é expressamente vedada sua entrega a outros que não seja o usuário final desses cartões, por motivos de segurança, sendo certo que se, eventualmente, sejam entregues a estranhos, perderão sua utilidade, não podendo, sequer, serem desbloqueados para uso.

Além disso, é importante destacar que, por serem feitos mediante encomenda de clientes, com caráter personalizado, havendo recusa por qualquer motivo, os *smart cards* bancários tornam-se inúteis, ou seja, imprestáveis para uso no comércio, o que afasta eventual caráter de mercadoria e possibilidade de circulação no mercado.

Incontestável, portanto, que os cartões de policarbonato com *chip* de leitura, desenhados, confeccionados, impressos e fornecidos por essas empresas aos clientes das instituições financeiras, não podem ser classificados como mercadorias, razão pela qual estão excluídos do campo de incidência do ICMS.

Ademais, deve ser levado em conta, também, o fato de que, diferentemente dos cartões inteligentes de telefonia celular (cartões de operadoras de telefonia celular, como Vivo, Claro, Oi, Nextel, Tim, dentre outras), os *smart cards* bancários em geral, não são vendidos no comércio, tal como em bancas de revistas e jornais, farmácias, padarias, supermercados, postos de combustíveis, etc.

Aliás, nos casos de cartões de telefonia celular, os *chips* destes podem ser utilizados em qualquer aparelho celular, o que, em razão de sua essência, por si só, já demonstram que são, de fato, mercadorias. Entrementes, o mesmo já não se pode dizer dos cartões bancários, uma vez que estes são personalizados e intransferíveis a terceiros. Ou seja, seu uso é pessoal, até porque é feito sob encomenda, o que, mais uma vez, difere dos cartões de telefonia, que são encontrados em gondolas de qualquer estabelecimento comercial e são utilizados em qualquer aparelho celular, o que fulmina a pretensão fazendária estadual de incluir esses *smart cards* no campo de incidência do ICMS.

Insta salientar, inclusive, que os cartões de telefonia celular possuem circulação no comércio e preços de mercado para consumo, o que não ocorre com os cartões bancários, posto que estes não podem ser adquiridos.

Além disso, cumpre reiterar que os cartões bancários e de financeiras não são vendidos. Ou seja, ninguém vai ao banco ou numa instituição financeira qualquer comprar o *smart card* do cartão de crédito ou débito, o que já ocorre com os cartões de telefonia, que são procurados pelos consumidores exatamente para que sejam adquiridos e usados em seus aparelhos celulares, bastando que sejam desbloqueados. Nesses cartões de telefonia celular, sim, incide o ICMS, por se tratarem de mercadorias. Já os cartões bancários não passam de impressões gráficas e a simples inserção de um *microchip* não altera a natureza desses cartões *smart cards*, que continuam sendo impressos gráficos.

Cumpre ressaltar, também, que a inserção do *chip* tem como motivo preponderante evitar fraudes e clonagem nos cartões. Até porque, em compras/pagamentos de mercadorias e serviços pela internet e no exterior (por exemplo, nos Estados Unidos da América), não é preciso a utilização do *chip*, mas tão somente do número de segurança que fica no verso do cartão bancário ou da tarja magnética, respectivamente.

Mas não é só. Equivoca-se, novamente, a SEFAZ-SP ao entender que *"A produção de tal mercadoria, que comporta um circuito integrado eletrônico (microprocessador) na forma de uma microplaqueta ('chip'), ainda que efetuada sob requisitos especificados pelo cliente, não pode ser considerada como serviço de composição gráfica"*.

Isso porque, o microprocessador não é um microcomputador, tal como quer fazer crer a SEFAZ-SP. Pelo contrário, se fosse um microcomputador, esses cartões *smart cards* não necessitariam, como necessitam, de um aparelho para que sejam inseridos e que leiam os dados e informações neles armazenados. Por exemplo, os cartões inteligentes bancários necessitam, respectivamente, de um terminal bancário (caixa eletrônico) ou, como é vulgarmente conhecida no comércio, de "maquininha" de cartão de crédito e/ou um *token*, para que sejam lidas as informações e dados neles constantes.

Noutras palavras, os *smart cards* não podem ser considerados computadores, simplesmente porque não detém a capacidade de processamento ou de comunicação autônoma como os computadores, mas apenas armazenam informações de forma criptografada, dependendo de um terminal bancário (caixa eletrônico) ou *token* para que sejam lidos seus dados armazenados.

Logo, percebe-se que não há como a Consultoria Tributária da SEFAZ-SP sustentar que esses cartões são mercadorias, razão pela qual conclui-se que a Resposta à Consulta Tributária nº 732/2010 da Consultoria Tributária da Secretaria da Fazenda do Estado de São Paulo é totalmente ilegal, sobretudo porque viola veemente a Lei Complementar nº 116/2003.

11.2. Incidência Exclusiva do ISSQN Sobre Serviços de Composição Gráfica e Confecção de Impressos Gráficos e Serviços de Fornecimento de Cartão Magnético, Cartão de Crédito, Cartão de Débito, Cartão Salário e Congêneres

A exigibilidade dos tributos decorrente do exercício de atividades profissionais, e pessoais, decorre basicamente da plena subsunção da situação fática às previsões normativas.

Perquirir se uma determinada atividade sujeita-se ao ISSQN implica na análise obrigatória das normas básicas que disciplinam a respectiva matéria tributária.

Sendo assim, o presente trabalho deve examinar as situações e as questões versadas na Resposta à Consulta Tributária nº 732/2010 da Consultoria Tributária da SEFAZ-SP, com a finalidade de constatar se a natureza jurídica das atividades atinentes à confecção e fornecimento de *smart cards* bancários é hipótese de incidência tributária do ICMS ou do ISSQN.

Sob a ótica jurídico-formal, a identificação dos campos de incidência desses dois impostos se revela relativamente simples, porquanto o ICMS tem por fato gerador as *operações relativas à circulação de mercadorias*, isto é, todos os atos voluntários que importem no impulso de mercadorias de sua fonte de produção até o consumo, ao passo que o ISSQN tem por objeto a *prestação de serviços de qualquer natureza*, que venham a ser definidos em lei complementar.

Sobre esta divisão do poder de tributar, inclusive, são conhecidas as lições de renomados doutrinadores[81] brasileiros no sentido de que, enquanto o ICMS destina-se a tributar a circulação de *bens materiais* (mercadorias), o ISSQN tem como campo de incidência a circulação de *bens imateriais* (prestação de serviços).

Sobre este aspecto, cumpre reproduzir novamente as palavras de Bernardo Ribeiro de Moraes[82]:

> Devemos ressaltar, também, que a distinção entre serviço (*bem imaterial*) e mercadoria (*bem material*) é difícil, podendo-se afirmar que apenas em teoria é possível fazer-se a separação entre os dois. Na prática, o isolamento total de cada uma das aludidas modalidades é quase impossível. Quem presta serviços de limpeza (*fornece bem imaterial*) fornece cera e utiliza certos materiais de consumo (*bens materiais*), [...]. Assim, podemos dizer que as atividades de venda de serviços ou de venda de mercadorias são, na realidade, sempre mistas (contém ao mesmo tempo 'serviço' e 'material'). Inexiste, a não ser em casos excepcionais, atividades pura, que seja venda exclusiva só de serviços ou só de material.

Justamente para evitar conflitos de competência entre Estados e Municípios, atos de natureza dita complementar foram, ao longo do tempo, sendo sucessivamente editados[83], sendo que, atualmente, encontra-se em vigor a Lei Complementar nº 116/2003, a qual prevê que o ISSQN tem como fato gerador a prestação de serviços constantes da lista a ela anexa, tal como prescreve o artigo 1º, da sobredita lei:

> Art. 1º **O Imposto Sobre Serviços de Qualquer Natureza, de competência dos Municípios e do Distrito Federal, tem como fato gerador a prestação de serviços constantes da lista anexa, ainda que esses não se constituam como atividade preponderante do prestador.**

[81] Moraes, Bernardo Ribeiro de. **As atividades da indústria gráfica diante do sistema tributário nacional**. São Paulo: Revista dos Tribunais, vol. 526, p. 268.

[82] Moraes, Bernardo Ribeiro de. **Doutrina e prática do ISS**. 1ª ed., São Paulo: Revista dos Tribunais, 1978, pp. 407 a 408.

[83] Exemplos: artigos 71 a 73, da versão original do Código Tributário Nacional (Lei nº 5.172/66), os Atos Complementares nº 27, 34, 35 e 36, respectivamente, de 8 de dezembro de 1966, 30 de janeiro de 1967, 28 de fevereiro de 1967 e 13 de março de 1967, e o Decreto-lei nº 406/68 (artigo 8º, parágrafos 1º e 2º).

> § 1º O imposto incide também sobre o serviço proveniente do exterior do País ou cuja prestação se tenha iniciado no exterior do País.
>
> § 2º Ressalvadas as exceções expressas na lista anexa, os serviços nela mencionados não ficam sujeitos ao Imposto Sobre Operações Relativas à Circulação de Mercadorias e Prestações de Serviços de Transporte Interestadual e Intermunicipal e de Comunicação – ICMS, ainda que sua prestação envolva fornecimento de mercadorias.
>
> § 3º O imposto de que trata esta Lei Complementar incide ainda sobre os serviços prestados mediante a utilização de bens e serviços públicos explorados economicamente mediante autorização, permissão ou concessão, com o pagamento de tarifa, preço ou pedágio pelo usuário final do serviço.
>
> § 4º A incidência do imposto não depende da denominação dada ao serviço prestado. (Destaques nossos)

Da leitura da norma legal acima transcrita, percebe-se que o legislador complementar pretendeu adotar um critério meramente formal para traçar a linha divisória entre os campos de incidência, de um lado do ISSQN e, do outro, do IPI e do ICMS.

Por este critério, se não houver expressa previsão legal sobre esta dupla incidência de tributos, de acordo com a Lei Complementar nº 116/2003, a atividade que envolva a prestação de um serviço e o fornecimento de materiais somente poderá ser tributada pelo ISSQN ou pelo ICMS.

Se este tipo de atividade puder ser identificado como um dos serviços relacionados na lista da legislação complementar, sofrerá a incidência exclusiva do ISSQN, ainda que envolva fornecimento de materiais.

Particularmente no que diz respeito aos chamados *serviços gráficos*, atualmente previstos no subitem 13.05[84], da Lista de Serviços Anexa à invocada Lei Complementar nº 116/2003, e que, na definição de Bernardo Ribeiro de Moraes[85] *"abrange(m) atividades ligadas com a indústria gráfica, a qual se encar-*

[84] 13.05 – Composição gráfica, inclusive confecção de impressos gráficos, fotocomposição, clicheria, zincografia, litografia e fotolitografia, exceto se destinados a posterior operação de comercialização ou industrialização, ainda que incorporados, de qualquer forma, a outra mercadoria que deva ser objeto de posterior circulação, tais como bulas, rótulos, etiquetas, caixas, cartuchos, embalagens e manuais técnicos e de instrução, quando ficarão sujeitos ao ICMS.

[85] MORAES, Bernardo Ribeiro de. **Doutrina e prática do ISS**. 1ª ed., São Paulo: Revista dos Tribunais, 1978, p. 376.

rega da impressão de trabalhos ou dizeres (impressão de etiquetas, agendas, papéis de carta, jornal, periódico, impressos, bilhetes de cinema, prospectos, cadernos, folhinhas, livros, etc.)", a grande discussão que se instaurou em nossos Tribunais decorreu da constatação de que muitas atividades mesclavam o fornecimento de materiais - normalmente papel e tinta - com a realização de serviços gráficos.

A questão foi então analisada à luz dos conceitos constitucionais do ISSQN, do ICMS e do IPI, tendo nossas Cortes percebido que, se determinada empresa é procurada, única e exclusivamente, para a realização de uma atividade gráfica encomendada por um de seus clientes, o que se verifica é a efetiva prestação de um serviço tipificado na legislação complementar, na qual o emprego de determinados materiais é realizado apenas para instrumentalizá-la. Nesses casos, o núcleo da atividade desenvolvida pela empresa é um bem imaterial (um *fazer*), por exemplo, a realização de um serviço gráfico.

Consequentemente, como o material empregado (papel, tinta, plástico, tarja magnética, *chip*) é meramente acessório para o desempenho das atividades gráficas, entenderam nossas Cortes que, nesses casos, a tributação cabível é a do ISSQN.

O fato de a Constituição não haver conceituado *serviço* - para fins de incidência do ISSQN -, não pode causar nenhum problema para o operador do direito, uma vez que o texto constitucional contém materialidades distintas - também adstritas às obrigações de *dar* e de *fazer* - que permitem separar os respectivos campos de incidência tributária.

O cerne da materialidade da hipótese de incidência do ISS não se circunscreve a um serviço, mas a uma *prestação de serviço*, compreendendo um negócio (jurídico) pertinente a uma *obrigação de fazer*, de conformidade com os postulados de direito privado, conforme asseverado em obra específica do Professor José Eduardo Soares de Melo[86].

Essa espécie de obrigação (*fazer*) opõe-se a outra espécie de obrigação (*dar*), *"a que se vincula o devedor à prestação de um serviço como ato positivo, material ou imaterial, seu ou de terceiro, em benefício do credor ou de terceira pessoa"*, e revela *"natureza infungível, por consistir num* facere *que só pode, ante a natureza da prestação ou por disposição contratual, ser executada pelo próprio devedor,*

[86] MELO, José Eduardo Soares de. **ISS - Teoria e Prática**. 6ª ed., São Paulo: Malheiros, 2017, p. 46.

sendo, portanto, intuitu personae *uma vez que se levam em conta as qualidades pessoais do obrigado."*[87]

Conceitua-se a *"prestação de serviços como a produção de utilidades (materiais ou não), específicas, peculiares e inconfundíveis de regras irrepetíveis (no sentido da impossibilidade de, uma vez esgotado o serviço, ser ele reiterado de modo exatamente idêntico)"*, segundo aduz Marçal Justen Filho[88].

Pontes de Miranda[89] também já havia observado que:

> [...] *serviço,* senso largo, é qualquer prestação de fazer [...]; *Servir* é prestar atividade a outrem. [...] servir é prestar qualquer atividade que se possa considerar locação de serviços, *locatio conductio operarum.*

Considerando as distinções entre obrigação de *dar* e de *fazer*, e os princípios consagrados pela Constituição Federal quanto à tributação, firmou-se um *conceito constitucional de serviço,* tal como proposto por Aires Barreto[90] como sendo *"a prestação de esforço humano a terceiros, com conteúdo econômico, em caráter negocial, sob regime de direito privado, tendente à obtenção de um bem material ou imaterial".*

Assim, nas palavras de Aires Barreto[91], temos:

O referido conceito somente abrange:

a) obrigações de fazer (e nenhuma outra);

b) serviços submetidos ao regime de direito privado, não incluindo, portanto, o serviço público (porque este, além de sujeito ao regime de direito público, é imune ao imposto, conforme o art. 150, VI, "a" da Constituição);

b.1) que revelem conteúdo econômico, realizados em caráter negocial – o que afasta, desde logo, aqueles prestados "a si mesmo",

[87] DINIZ, Maria Helena. **Curso de Direito Civil Brasileiro: Teoria Geral das Obrigações.** 2º volume, 18ª ed., São Paulo: Saraiva, 2003, pp. 103 a 104.

[88] JUSTEN FILHO, Marçal. **O imposto sobre serviços**. São Paulo: Revista dos Tribunais, 1985, p. 115.

[89] MIRANDA. Pontes de, **Tratado de Direito Privado**, Parte Especial, Tomo XLVII, Direito das Obrigações. Contrato de Locação de Serviços. Contrato de Trabalho. São Paulo: Revista dos Tribunais, 2012, p. 55.

[90] BARRETO, Aires. **ISS – Não incidência sobre cessão de espaço em bem imóvel.** Repertório IOB de Jurisprudência 19/99, Caderno 1, p. 580.

[91] BARRETO, Aires. **ISS – Não incidência sobre cessão de espaço em bem imóvel.** Repertório IOB de Jurisprudência 19/99, Caderno 1, p. 580.

ou em regime familiar ou desinteressadamente (afetivo, caritativo);

b.2) prestados sem relação de emprego – como definida pela legislação própria – excluído, pois, o trabalho efetuado em regime de subordinação (funcional ou empregatício), por não estar *in commercium.*

Mais uma vez reproduzimos os dizeres de Aires Barreto[92], para conceituar o *serviço tributável do Município* como sendo *"o desempenho de atividade economicamente apreciável, sem subordinação, produtiva de utilidade para outrem, sob regime de direito privado com o fito de remuneração, não compreendido na competência de outra esfera de governo."*

Nesse sentido, inclusive citando Aires Barreto, decidiu o STJ:

> TRIBUTÁRIO. ISS. FRANCHISING. DECRETO-LEI Nº 406/68. LEI Nº 8.955/94.
>
> [...]
>
> 4. **O conceito constitucional de serviço tributável somente abrange:**
>
> "a) **as obrigações de fazer e nenhuma outra**;
>
> b) os serviços submetidos ao regime de direito privado não incluindo, portanto, o serviço público (porque este, além de sujeito ao regime de direito público, é imune a imposto, conforme o art. 150, VI, "a", da Constituição);
>
> c) que revelam conteúdo econômico, realizados em caráter negocial – o que afasta, desde logo, aqueles prestados a si mesmo, ou em regime familiar ou desinteressadamente (afetivo, caritativo, etc.);
>
> d) prestados sem relação de emprego – como definida pela legislação própria – excluído, pois, o trabalho efetuado em regime de subordinação (funcional ou empregatício) por não estar in comércio." (Aires F. Barreto, "ISS – Não incidência sobre Franquia", *in* Rev. Direito Tributário, Malheiros Editores, vol. nº 64, págs. 216/221) [...]
>
> (REsp 222.246/MG, Rel. Ministro JOSÉ DELGADO, PRIMEIRA TURMA, julgado em 13/06/2000, DJ 04/09/2000, p. 123) (Destaques nossos)

O Código Civil de 2002, assim como o anterior de 1916, não definem e não trazem o conceito de *serviço*. Referido conceito, todavia, é encontrado no Código de Defesa do Consumidor, mais precisamente no parágrafo 2º, do artigo 3º, que estabelece que:

[92] Barreto, Aires. **ISS na Constituição e na Lei**. São Paulo: Dialética, 2003, p. 35.

§ 2° Serviço é qualquer atividade fornecida no mercado de consumo, mediante remuneração, inclusive as de natureza bancária, financeira, de crédito e securitária, salvo as decorrentes das relações de caráter trabalhista.

Assim, destrinchando o conceito de *serviço*, podemos dizer que, se *"Serviço é qualquer atividade fornecida no mercado de consumo"* e os cartões bancários serão consumidos pelo seu uso e gozo por meio do cliente da instituição financeira (consumidor final) e que *"mediante remuneração, inclusive as de natureza bancária, financeira, de crédito e securitária, salvo as decorrentes das relações de caráter trabalhista"* são os valores pagos pela confecção e impressão gráfica e fornecimento desses cartões, é forçoso concluir que a atividade de composição e impressão gráfica, bem como de fornecimento de cartões bancários é um serviço.

Destarte, a Lei Complementar nº 116/2003, ao disciplinar o ISSQN, e definir como fato gerador desse imposto municipal, *"a prestação de serviços constantes da lista anexa, ainda que esses não se constituam como atividade preponderante do prestador."* (artigo 1º, da LC nº 116/2003), bem como prever na mencionada lista de serviços tributáveis pelo ISSQN as atividades de composição e confecção de impressos gráficos (subitem 13.05[93]) e o fornecimento de cartões bancários (subitem 15.14[94]), torna legítima a exigência de ISSQN pelos Municípios sobre estas atividades.

Note-se que a restrição dos serviços passíveis de incidência deve ser obtida no campo do direito privado, a teor do que dispõe o artigo 110 do CTN, uma vez que tal instituto é utilizado no texto constitucional para fixar os limites do campo de aplicação do ISS.

Ou seja, o artigo 110 do CTN foi totalmente respeitado, uma vez que a Lei Complementar não está alterando ou modificando o conceito de serviço do direito privado, mas apenas está o declarando.

[93] 13.05 – Composição gráfica, inclusive confecção de impressos gráficos, fotocomposição, clicheria, zincografia, litografia e fotolitografia, exceto se destinados a posterior operação de comercialização ou industrialização, ainda que incorporados, de qualquer forma, a outra mercadoria que deva ser objeto de posterior circulação, tais como bulas, rótulos, etiquetas, caixas, cartuchos, embalagens e manuais técnicos e de instrução, quando ficarão sujeitos ao ICMS.

[94] 15.14 – Fornecimento, emissão, reemissão, renovação e manutenção de cartão magnético, cartão de crédito, cartão de débito, cartão salário e congêneres.

Até porque, os cartões bancários de crédito ou de débito são meios de pagamento e, nesse contexto, instrumentalizam um contrato, que é uma convenção trilateral complexa, em que uma das partes (emitente, geralmente uma instituição financeira), se obriga a embolsar a outra (fornecedor), das quantias correspondentes às notas assinadas por um terceiro (usuário – consumidor final), adquirir mercadorias ou bens ou ajustados serviços, mediante a exibição do cartão individual que o identificará de pronto, e para indenização posterior ao emitente de uma só vez ou parceladamente.

Nessa esteira, em relação ao conceito de cartões bancários, assim definiu Nelson Abrão[95]: *"um documento comprobatório de que seu titular goza de um crédito determinado perante certa instituição financeira, o qual o credencia a efetuar compras de bens e serviços a prazo e saques de dinheiro a título de mútuo"*.

Ou seja, a conceituação em si do que venha a ser cartão bancário, de crédito e/ou débito, afasta qualquer possibilidade de que o mesmo venha a ser considerado uma mercadoria, o que inviabiliza a incidência de ICMS, dado ao fato de que sua definição traz, em si, o conceito de que o cartão bancário deve ser sempre confeccionado sob encomenda e de forma personalizada, com todos os dados pessoais do adquirente, sendo, inclusive, intransferível, isto é, de forma que somente este poderá utilizar o seu cartão, não podendo repassá-lo a terceiro, já que representa um contrato de crédito previamente firmado entre a instituição financeira e o consumidor final.

[95] ABRÃO, Nelson. **Direito bancário.** 8ª ed., São Paulo: Saraiva. 2002, p. 170.

Capítulo 12
Síntese

Diante de todo exposto no presente trabalho e das conclusões a que se chegamos acima, podemos destacar, em síntese, o que segue:

1. As atividades concernentes à confecção, impressão e fornecimento de cartões inteligentes bancários, inclusive cartões de crédito e débito, com tarja magnética e *chip*, sujeitam-se, exclusivamente, à incidência do ISSQN, na forma prevista na Lei Complementar nº 116/2003 (itens 13.05 e 15.14) e respectiva legislação municipal.
2. A elaboração dos *smart cards* bancários, mediante encomenda e de modo personalizado, caracteriza típica prestação de serviços, onerada pelo ISSQN.
3. Considerando que os cartões inteligentes bancários não participam de nenhuma etapa de industrialização, ou comercialização, estes não constituem mercadorias e, nessa situação, não podem ser onerados pelo ICMS.
4. Os *smart cards* bancários, de débito e crédito, personalizados e confeccionados sob encomenda, tributados unicamente pelo ISSQN, não se confundem com os cartões telefônicos, revendidos pelas operadoras de telefonia celular.
5. O *chip* eletrônico inserido nos cartões inteligentes bancários, diferentemente do entendimento da Consultoria Tributária da SEFAZ-SP, e os demais materiais, tais como insumos e matérias-primas, não são adquiridos pelas empresas que elaboram os *smart cards* com

o propósito de revenda, nem tampouco com finalidade de circulação mercantil, não estando, pois, sujeitos ao ICMS.

6. Os *smart cards* bancários não podem ser considerados computadores, porquanto não detém a capacidade de processamento ou de comunicação autônoma como os computadores, mas apenas armazenam informações de forma criptografada, dependendo, inclusive, de um terminal bancário (caixa eletrônico) ou *token* para que sejam lidos seus dados armazenados.
7. A decisão do STF, proferida nos autos da Medida Cautelar na Ação Direta de Inconstitucionalidade nº 4.389, de nenhum modo afeta as atividades realizadas pelas empresas que confeccionam e fornecem cartões inteligentes bancários, eis que a decisão examinou tão somente a questão referente à *produção de embalagens personalizadas para acondicionamento de mercadorias*, ou seja, matéria totalmente distinta da versada neste trabalho, o qual trata de confecção de *smart cards* bancários.
8. Tanto na vigência da Lei Complementar nº 116/2003, quanto na forma estatuída na Lei Complementar nº 157/2016, os cartões inteligentes bancários permanecem sujeitos somente ao ISSQN, haja vista que não constituem insumos de mercadorias, em posterior ciclo mercantil ou industrial.

REFERÊNCIAS

ABRÃO, Nelson. **Direito bancário.** 8ª edição, revisada, atualizada e ampliada. São Paulo: Saraiva. 2002.

AMARO, Luciano. **Direito Tributário Brasileiro.** 20ª edição, São Paulo: Saraiva, 2014.

ATALIBA, Geraldo. **Conflitos entre ICM-ISS-IPI.** Revista de Direito Tributário. Volumes 7/8.

__________ e BARRETO, Aires Fernandino – **ISS e Locação – Conceito Constitucional de Serviço – Locação Não é Serviço: Não Pode a Lei Assim Considerá-la Para Efeitos Tributários.** Revista dos Tribunais, maio de 1987. Vol. 619, p. 7-15.

ATALIBA, Geraldo. e GIARDINO, Cleber. **Núcleo da Definição Constitucional do ICM,** *in* Revista de Direito Tributário, vol. 25/26.

__________. **Núcleo da Definição Constitucional do ICM,** *in* Revista de Direito Tributário, vol. 55.

BALEEIRO, Aliomar. **Direito Tributário Brasileiro, atualizada por Misabel Abreu Machado Derzi.** 11ª edição, Rio de Janeiro: Forense, 2003.

BARRETO, Aires Fernandino. **ISS na Constituição e na Lei,** São Paulo: Dialética, 2003.

__________. **ISS – Não incidência sobre cessão de espaço em bem imóvel.** Repertório IOB de Jurisprudência 19/99, Caderno 1.

BECKER, Alfredo Augusto, **Teoria Geral do Direito Tributário,** São Paulo: Saraiva, 1963.

BEVILÁQUA, Clóvis. **Código Civil Comentado,** Rio de Janeiro: Livraria Francisco Alves, 1943, vol. IV.

BORGES, José Souto Maior. **Lei Complementar Tributária.** São Paulo: RT, 1975.

__________. **Questões Tributárias,** 1ª edição, São Paulo: Resenha Tributária, 1975.

BRAGA, Newton C. **Como funcionam os Smart Cards (ART545).** Disponível em: <http://www.newtoncbraga.com.br/index.php/comofunciona/4013-art545?tmpl=component&print=1&page=> Acesso em: 24 ago. 2017.

CARRAZZA, Roque Antônio. **Curso de Direito Constitucional Tributário.** 31ª ed., São Paulo: Malheiros, 2017.

__________. **ICMS.** 16ª edição, revista e ampliada, São Paulo: editora Malheiros, 2012.

CARVALHO, Paulo de Barros. **Curso de Direito Tributário.** 28ª ed. São Paulo: Editora Saraiva, 2017.

COSTA, Regina Helena. **Curso de Direito Tributário. Constituição e Código Tributário Nacional.** 3ª edição, São Paulo: Saraiva, 2013.

DINIZ, Maria Helena. **Curso de Direito Civil Brasileiro: Teoria Geral das Obrigações**, 2º volume, 18ª ed., São Paulo: Saraiva, 2003.

FERREIRA FILHO, Manoel Gonçalves. **Do Processo Legislativo**, Saraiva, São Paulo, 1977.

JUSTEN FILHO, Marçal. **O imposto sobre serviços**. São Paulo: Revista dos Tribunais, 1985.

MACHADO, Hugo de Brito. **Comentários ao Código Tributário Nacional**, vol. II: Artigos 96 a 138. 2ª edição. São Paulo: Atlas, 2008.

__________. **Curso de Direito Tributário**. 38ª edição, revista, atualizada e ampliada. São Paulo: Malheiros Editores, 2017.

MATOS, Conrado Leiras. **Smart Card**. Disponível em: <https://www.gta.ufrj.br/grad/01_2/smartcard/smartcard.html> Acesso em: 24 ago. 2017.

MEIRELLES, Hely Lopes. **Direito Administrativo Brasileiro**. 42ª edição, atualizada até a Emenda Constitucional nº 90, de 15.9.2015. São Paulo: Editora Malheiros, 2016.

MELO, José Eduardo Soares de. **Curso de Direito Tributário**. 10ª edição, São Paulo: Dialética, 2012.

__________. **ICMS Teoria e Prática**. 12ª edição, São Paulo: Dialética, 2012.

__________. **ISS – Aspectos Teóricos e Práticos**. 5ª edição, São Paulo: Dialética, 2008.

__________. **ISS – Teoria e Prática**. 6ª edição, São Paulo: Malheiros Editores, 2017.

MIRANDA. Pontes de, **Tratado de Direito Privado**, Parte Especial, Tomo XLVII, Direito das Obrigações. Contrato de Locação de Serviços. Contrato de Trabalho. São Paulo: Revista dos Tribunais, 2012.

MONTEIRO, Washington de Barros. **Direito das Obrigações**. São Paulo: Saraiva, 1965.

MORAES, Bernardo Ribeiro de. **As atividades da indústria gráfica diante do sistema tributário nacional**. São Paulo: Revista dos Tribunais, vol. 526.

__________. **Doutrina e prática do ISS**. 1ª edição. São Paulo: Revista dos Tribunais, 1978.

NOGUEIRA, Ruy Barbosa. **Curso de Direito Tributário**. 4ª edição, São Paulo: Saraiva, 1995.

PVC, Instituto. **O que é PVC?**. Fonte: Instituto do PVC - *www.institutodopvc.org*. Disponível em: <http://www.alassia.com.br/o-que-e-pvc.html> Acesso em: 24 ago. 2017.

ROSALEN, Sandra. **Todas as fases de produção dos cartões plásticos**. Disponível em: <http://revistatecnologiagrafica.com.br/index.php?option=com_content&view=article&id=273:todas-as-fases-de-producao-dos-cartoes-plasticos&catid=39:impressao&Itemid=180> Acesso em: 24 ago. 2017.

SCHOUERI, Luís Eduardo. **Direito Tributário**. 7ª edição. São Paulo: Saraiva, 2017.

REFERÊNCIAS LEGAIS E JURISPRUDENCIAIS

BRASIL. Constituição (1988). **Constituição da República Federativa do Brasil, de 5 de outubro de 1988**. Brasília, DF, 5 out. 1988. Disponível em: <http://www.planalto.gov.br/ccivil_03/constituicao/constituicaocompilado.htm>. Acesso em: 28. jul. 2017.

BRASIL. Emenda Constitucional nº 18, de 1º de dezembro de 1965. **Reforma do Sistema Tributário**. Brasília, DF, 1º dez. 1965. Disponível em: <http://www.planalto.gov.br/ccivil_03/Constituicao/Emendas/Emc_anterior1988/emc18-65.htm>. Acesso em: 28 jul. 2017.

BRASIL. Emenda Constitucional nº 1, de 17 de outubro de 1969. **Edita o novo texto da Constituição Federal de 24 de janeiro de 1967**. Brasília, DF, 17 out. 1969. Disponível em: <http://www.planalto.gov.br/ccivil_03/Constituicao/Emendas/Emc_anterior1988/emc01-69.htm>. Acesso em: 28. jul. 2017.

BRASIL. Emenda Constitucional nº 3, de 17 de março de 1993. **Altera os arts. 40, 42, 102, 103, 155, 156, 160, 167 da Constituição Federal**. Brasília, DF, 17 mar. 1993. Disponível em: <http://www.planalto.gov.br/ccivil_03/constituicao/emendas/emc/emc03.htm>. Acesso em: 28. jul. 2017.

BRASIL. Emenda Constitucional nº 39, de 19 de dezembro de 2002. **Acrescenta o art. 149-A à Constituição Federal (Instituindo contribuição para custeio do serviço de iluminação pública nos Municípios e no Distrito Federal)**. Brasília, DF, 19 dez. 2002. Disponível em: <http://www.planalto.gov.br/ccivil_03/constituicao/emendas/emc/emc39.htm>. Acesso em: 28. jul. 2017.

BRASIL. Emenda Constitucional nº 41, de 19 de dezembro de 2003. **Modifica os arts. 37, 40, 42, 48, 96, 149 e 201 da Constituição Federal, revoga o inciso IX do § 3 do art. 142 da Constituição Federal e dispositivos da Emenda Constitucional nº 20, de 15 de dezembro de 1998, e dá outras providências**. Brasília, DF, 19 dez. 2003. Disponível em: <http://www.planalto.gov.br/ccivil_03/constituicao/emendas/emc/emc41.htm>. Acesso em: 28. jul. 2017.

BRASIL. Lei nº 5.172, de 25 de outubro de 1966. **Dispõe sobre o Sistema Tributário Nacional e institui normas gerais de direito tributário aplicáveis à União, Estados e Municípios**. Brasília, DF, 25 out. 1966. Disponível em: <http://www.planalto.gov.br/ccivil_03/leis/L5172Compilado.htm>. Acesso em: 28 jul. 2017.

BRASIL. Lei Complementar nº 56, de 15 de dezembro de 1987. **Dá nova redação à Lista de Serviços a que se refere o art. 8º do Decreto-lei nº 406, de 31 de dezembro de 1968, e dá outras providências**. Brasília, DF, 15 dez. 1987. Disponível em: <http://www.planalto.gov.br/ccivil_03/leis/LCP/Lcp56.htm>. Acesso em: 28. jul. 2017.

BRASIL. Lei Complementar nº 70, de 30 de dezembro de 1991. **Institui contribuição para financiamento da Seguridade Social, eleva a alíquota da contribuição social sobre o lucro das instituições financeiras e dá outras providências.** Brasília, DF, 30 dez. 1991. Disponível em: < http://www.planalto.gov.br/ccivil_03/leis/LCP/Lcp70.htm>. Acesso em: 28. jul. 2017.

BRASIL. Lei Complementar nº 87, de 13 de setembro de 1996. **Dispõe sobre o imposto dos Estados e do Distrito Federal sobre operações relativas à circulação de mercadorias e sobre prestações de serviços de transporte interestadual e intermunicipal e de comunicação, e dá outras providências. (LEI KANDIR)**. Brasília, DF, 13 set. 1996. Disponível em: <http://www.planalto.gov.br/ccivil_03/leis/LCP/Lcp87.htm>. Acesso em: 28. jul. 2017.

BRASIL. Lei Complementar nº 100, de 22 de dezembro de 1999. **Altera o Decreto-lei nº 406, de 31 de dezembro de 1968, e a Lei Complementar nº 56, de 15 de dezembro de 1987, para acrescentar serviço sujeito ao Imposto sobre Serviços de Qualquer Natureza**. Brasília, DF, 22 dez. 1999. Disponível em: <http://www.planalto.gov.br/ccivil_03/leis/LCP/Lcp100.htm>. Acesso em: 28. jul. 2017.

BRASIL. Lei Complementar nº 116, de 31 de julho de 2003. **Dispõe sobre o Imposto Sobre Serviços de Qualquer Natureza, de competência dos Municípios e do Distrito Federal, e dá outras providências.** Brasília, DF, 31 jul. 2003. Disponível em: <http://www.planalto.gov.br/ccivil_03/leis/LCP/Lcp116.htm>. Acesso em: 28. jul. 2017.

BRASIL. Lei Complementar nº 157, de 29 de dezembro de 2016. **Altera a Lei Complementar nº 116, de 31 de julho de 2003, que dispõe sobre o Imposto Sobre Serviços de Qualquer Natureza, a Lei nº 8.429, de 2 de junho de 1992 (Lei de Improbidade Administrativa), e a Lei Complementar nº 63, de 11 de janeiro de 1990, que "dispõe sobre critérios e prazos de crédito das parcelas do produto da arrecadação de impostos de competência dos Estados e de transferências por estes recebidos, pertencentes aos Municípios, e dá outras providências"**. Brasília, DF, 29 dez. 2016. Disponível em: <http://www.planalto.gov.br/ccivil_03/leis/LCP/Lcp157.htm>. Acesso em: 28. jul. 2017.

BRASIL. Decreto-lei nº 406, de 31 de dezembro de 1968. **Estabelece normas gerais de direito financeiro, aplicáveis aos impostos sôbre operações relativas à circulação de mercadorias e sôbre serviços de qualquer natureza, e dá outras providências.** Brasília, DF, 31 dez. 1968. Disponível em: < http://www.planalto.gov.br/ccivil_03/decreto-lei/Del0406.htm>. Acesso em: 28. jul. 2017.

BRASIL. Decreto-lei nº 834, de 8 de setembro de 1969. **Dispõe sôbre a entrega das parcelas, pertencentes aos Municípios, do produto da arrecadação do impôsto sôbre circulação de mercadoria, estabelece normas gerais sôbre conflito da competência tributaria,**

sôbre o impôsto de serviços e dá outras providências. Brasília, DF, 8 set. 1969. Disponível em: <http://www.planalto.gov.br/ccivil_03/decreto-lei/del0834.htm>. Acesso em: 28. jul. 2017.

BRASIL. Lei nº 7.192, de 5 de junho de 1984. **Inclui na Lista de Serviços a que alude o art. 8º do Decreto-lei nº 406, de 31 de dezembro de 1968 os prestados pelos profissionais autônomos de Relações Públicas.** Brasília, DF, 5 jun. 1984. Disponível em: < http://www.planalto.gov.br/ccivil_03/leis/L7192.htm>. Acesso em: 28. jul. 2017.

BRASIL. Lei nº 8.078, de 11 de setembro de 1990. **Dispõe sobre a proteção do consumidor e dá outras providências.** Brasília, DF, 11 set. 1990. Disponível em: <http://www.planalto.gov.br/ccivil_03/leis/L8078.htm> Acesso em: 28. jul. 2017.

BRASIL. Lei nº 9.718, de 27 de novembro de 1998. **Altera a Legislação Tributária Federal.** Brasília, DF, 27 nov. 1998. Disponível em: <http://www.planalto.gov.br/ccivil_03/leis/L9718compilada.htm>. Acesso em: 28. jul. 2017.

BRASIL. Lei nº 10.406, de 10 de janeiro de 2002. **Institui o Código Civil.** Brasília, DF, 10 jan. 2002. Disponível em: <http://www.planalto.gov.br/ccivil_03/leis/2002/L10406.htm>. Acesso em: 28. jul. 2017.

BRASIL. Lei nº 12.865, de 9 de outubro de 2013. **Autoriza o pagamento de subvenção econômica aos produtores da safra 2011/2012 de cana-de-açúcar e de etanol que especifica e o financiamento da renovação e implantação de canaviais com equalização da taxa de juros; dispõe sobre os arranjos de pagamento e as instituições de pagamento integrantes do Sistema de Pagamentos Brasileiro (SPB); autoriza a União a emitir, sob a forma de colocação direta, em favor da Conta de Desenvolvimento Energético (CDE), títulos da dívida pública mobiliária federal; estabelece novas condições para as operações de crédito rural oriundas de, ou contratadas com, recursos do Fundo Constitucional de Financiamento do Nordeste (FNE); altera os prazos previstos nas Leis nº 11.941, de 27 de maio de 2009, e nº 12.249, de 11 de junho de 2010; autoriza a União a contratar o Banco do Brasil S.A. ou suas subsidiárias para atuar na gestão de recursos, obras e serviços de engenharia relacionados ao desenvolvimento de projetos, modernização, ampliação, construção ou reforma da rede integrada e especializada para atendimento da mulher em situação de violência; disciplina o documento digital no Sistema Financeiro Nacional; disciplina a transferência, no caso de falecimento, do direito de utilização privada de área pública por equipamentos urbanos do tipo quiosque, trailer, feira e banca de venda de jornais e de revistas; altera a incidência da Contribuição para o PIS/Pasep e da Cofins na cadeia de produção e comercialização da soja e de seus subprodutos; altera as Leis nºs 12.666, de 14 de junho de 2012, 5.991, de 17 de dezembro de 1973, 11.508, de 20 de julho de 2007, 9.503, de 23 de setembro de 1997, 9.069, de 29 de junho de 1995, 10.865, de 30 de abril de 2004, 12.587, de 3 de janeiro de 2012, 10.826, de 22 de dezembro de 2003, 10.925, de 23 de julho de 2004, 12.350, de 20 de dezembro de 2010, 4.870, de 1º de dezembro de 1965 e 11.196, de 21 de novembro de 2005, e**

o Decreto nº 70.235, de 6 de março de 1972; revoga dispositivos das Leis nºs 10.865, de 30 de abril de 2004, 10.925, de 23 de julho de 2004, 12.546, de 14 de dezembro de 2011, e 4.870, de 1º de dezembro de 1965; e dá outras providências. Brasília, DF, 10 out. 2013. Disponível em: <http://www.planalto.gov.br/ccivil_03/_ato2011-2014/2013/lei/l12865.htm>. Acesso em: 27. fev. 2018.

BRASIL. Secretaria da Receita Federal do Brasil. Parecer Normativo COSIT nº 18, de 06 de setembro de 2013. **Imposto sobre Produtos Industrializados – IPI. Serviços Constantes da Lista Anexa à Lei Complementar nº 116, de 2003. Incidência do IPI**. Brasília, DF, 6 set. 2013. Disponível em: <http://normas.receita.fazenda.gov.br/sijut2consulta/link.action?visao=anotado&idAto=45709>. Acesso em: 31. jul. 2017.

BRASIL. Secretaria da Receita Federal do Brasil. Solução de Consulta nº 350, de 19 de outubro de 2004. **Imposto sobre Produtos Industrializados – IPI. Campo de Incidência. Operação de Industrialização. Prestação de Serviço sujeito ao ISS. Irrelevância**. 10ª Região Fiscal. Rio Grande do Sul, RS, 19 out. 2004. Disponível em: <http://normas.receita.fazenda.gov.br/sijut2consulta/link.action?visao=anotado&idAto=77148>. Acesso em: 31. jul. 2017.

BRASIL. Supremo Tribunal Federal; Recurso Extraordinário; **RE nº 71.758-GB**; Data de publicação: 31.08.1973. Disponível em: <http://www.stf.jus.br/portal/jurisprudencia/listarJurisprudencia.asp?s1=%2871758%2ENUME%2E+OU+71758%2EACMS%2E%29&base=baseAcordaos&url=http://tinyurl.com/jf7gj6p>. Acesso em: 31 jul. 2017.

BRASIL. Supremo Tribunal Federal; Recurso Extraordinário; **RE nº 75.952-SP**; Data de publicação: 02.01.1974. Disponível em: <http://www.stf.jus.br/portal/jurisprudencia/listarJurisprudencia.asp?s1=%2875952%2ENUME%2E+OU+75952%2EACMS%2E%29&base=baseAcordaos&url=http://tinyurl.com/zqm9y4r>. Acesso em: 31. jul. 2017.

BRASIL. Supremo Tribunal Federal; Recurso Extraordinário; **RE nº 77.183-SP**; Data de publicação: 04.10.1974. Disponível em: <http://www.stf.jus.br/portal/jurisprudencia/listarJurisprudencia.asp?s1=%2877183%2ENUME%2E+OU+77183%2EACMS%2E%29&base=baseAcordaos&url=http://tinyurl.com/hthqf8r>. Acesso em: 31. jul. 2017.

BRASIL. Supremo Tribunal Federal; Recurso Extraordinário; **RE nº 97.804-SP**; Data de publicação: 31.08.1984. Disponível em: <http://www.stf.jus.br/portal/jurisprudencia/listarJurisprudencia.asp?s1=%2897804%2ENUME%2E+OU+97804%2EACMS%2E%29&base=baseAcordaos&url=http://tinyurl.com/z6ygo46>. Acesso em: 31. jul. 2017.

BRASIL. Supremo Tribunal Federal; Recurso Extraordinário; **RE nº 116.121-SP**; Data de publicação: 25.05.2001. Disponível em: <http://www.stf.jus.br/portal/jurisprudencia/listarJurisprudencia.asp?s1=%28116121%2ENUME%2E+OU+116121%2EACMS%2E%29&base=baseAcordaos&url=http://tinyurl.com/z89qgff>. Acesso em: 31. jul. 2017.

BRASIL. Supremo Tribunal Federal; Recurso Extraordinário; **RE nº 357.950-RS**; Data de publicação: 15.08.2006. Disponível em: <http://www.stf.jus.br/portal/jurisprudencia/listarJurisprudencia.asp?s1=%28357950%2ENUME%2E+OU+357950%2EACMS%2E%29&base=baseAcordaos&url=http://

tinyurl.com/gsgzlkk>. Acesso em: 31. jul. 2017.

BRASIL. Supremo Tribunal Federal; Recurso Extraordinário; **RE nº 358.273-RS**; Data de publicação: 15.08.2006. Disponível em: <http://www.stf.jus.br/portal/jurisprudencia/listarJurisprudencia.asp?s1=%28357950%2ENUME%2E+OU+357950%2EACMS%2E%29&base=baseAcordaos&url=http://tinyurl.com/gsgzlkk>. Acesso em: 31. jul. 2017.

BRASIL. Supremo Tribunal Federal; Recurso Extraordinário; **RE nº 390.840-MG**; Data de publicação: 15.08.2006. Disponível em: <http://www.stf.jus.br/portal/jurisprudencia/listarJurisprudencia.asp?s1=%28357950%2ENUME%2E+OU+357950%2EACMS%2E%29&base=baseAcordaos&url=http://tinyurl.com/gsgzlkk>. Acesso em: 31. jul. 2017.

BRASIL. Supremo Tribunal Federal; Recurso Extraordinário; **RE nº 346.084-PR**; Data de publicação: 01.09.2006. Disponível em: <http://www.stf.jus.br/portal/jurisprudencia/listarJurisprudencia.asp?s1=%28346084%2ENUME%2E+OU+346084%2EACMS%2E%29&base=baseAcordaos&url=http://tinyurl.com/zonvbyv>. Acesso em: 31. jul. 2017.

BRASIL. Supremo Tribunal Federal; Recurso Extraordinário; **RE nº 651.703**; Relator(a): Min. Luiz Fux, Tribunal Pleno; julgado em 29.09.2016; Data de Publicação: 26.04.2017. Disponível em: <http://www.stf.jus.br/portal/jurisprudencia/listarJurisprudencia.asp?s1=%28651703%2ENUME%2E+OU+651703%2EACMS%2E%29&base=baseAcordaos&url=http://tinyurl.com/hbpt2ov>. Acesso em: 02. mar. 2018.

BRASIL. Supremo Tribunal Federal; Recurso Extraordinário; **RE 461.968**, Relator(a): Min. Eros Grau, Tribunal Pleno, julgado em 30.05.2007; Data de Publicação: 24.08.2007. Disponível em: <http://www.stf.jus.br/portal/jurisprudencia/listarJurisprudencia.asp?s1=%28CONCEITO+DE+MERCADORIA%29&pagina=3&base=baseAcordaos&url=http://tinyurl.com/jlcntf4>. Acesso em: 06 ago. 2017.

BRASIL. Supremo Tribunal Federal; Recurso Extraordinário; **RE 592.905**, Relator(a): Min. Eros Grau, julgado em 16.10.2008; Data de Publicação: 07.11.2008. Disponível em: <http://www.stf.jus.br/portal/jurisprudencia/listarJurisprudencia.asp?s1=%28592905%2ENUME%2E+OU+592905%2EPRCR%2E%29&base=baseRepercussao&url=http://tinyurl.com/gpm8ltz >. Acesso em: 28 fev. 2018.

BRASIL. Supremo Tribunal Federal; Recurso Extraordinário; **RE nº 547.245-SC**; Data de publicação: 05.03.2010. Disponível em: <http://www.stf.jus.br/portal/jurisprudencia/listarJurisprudencia.asp?s1=%28547245%2ENUME%2E+OU+547245%2EACMS%2E%29&base=baseAcordaos&url=http://tinyurl.com/ju74xa5>. Acesso em: 31. jul. 2017.

BRASIL. Supremo Tribunal Federal; Recurso Extraordinário; **RE nº 615.580 RG-RJ**; Data de publicação: 19.08.2010. Disponível em: <http://www.stf.jus.br/portal/jurisprudencia/listarJurisprudencia.asp?s1=%28615580%2ENUME%2E+OU+615580%2EPRCR%2E%29&base=baseRepercussao&url=http://tinyurl.com/jsry4j9>. Acesso em: 31. jul. 2017.

BRASIL. Supremo Tribunal Federal; Medida Cautelar na Ação Direta de Inconstitucionalidade; **ADI nº 4389 MC-DF**; Data de publicação:

25.05.2011. Disponível em: <http://www.stf.jus.br/portal/jurisprudencia/listarJurisprudencia.asp?s1=%284389%2ENUME%2E+OU+4389%2EACMS%2E%29&base=baseAcordaos&url=http://tinyurl.com/zvy9nwp>. Acesso em: 31. jul. 2017.

BRASIL. Supremo Tribunal Federal; Recurso Extraordinário; **RE nº 651.703-PR**; Data de publicação: 26.04.2017. Disponível em: <http://www.stf.jus.br/portal/jurisprudencia/listarJurisprudencia.asp?s1=%28651703%2ENUME%2E+OU+651703%2EACMS%2E%29&base=baseAcordaos&url=http://tinyurl.com/hbpt2ov>. Acesso em: 31 jul. 2017.

BRASIL. Supremo Tribunal Federal; Agravo Regimental no Recurso Extraordinário com Agravo; **ARE 971.500 AgR**, Relator(a): Min. Dias Toffoli, Segunda Turma, julgado em 19/05/2017; Data de Publicação: 31.05.2017. Disponível em: <http://www.stf.jus.br/portal/jurisprudencia/listarJurisprudencia.asp?s1=%28BITRIBUTA%C7%C3O%29&base=baseAcordaos&url=http://tinyurl.com/he89ad4>. Acesso em: 06 ago. 2017.

BRASIL. Superior Tribunal de Justiça. Súmula 156, de 22 de março de 1996. **Enunciado: A prestação de serviço de composição gráfica, personalizada e sob encomenda, ainda que envolva fornecimento de mercadorias, está sujeita, apenas, ao ISS**. Brasília, DF, Primeira Seção, 22 mar. 1996. DJ 15.03.1996, p. 11.631. Disponível em: <https://ww2.stj.jus.br/docs_internet/revista/eletronica/stj-revista-sumulas-2010_11_capSumula156.pdf>. Acesso em: 31. jul. 2017.

BRASIL. Superior Tribunal de Justiça; Recurso Especial; **REsp nº 68.455-SP**; Data de publicação: 18.03.1996. Disponível em: <http://www.stj.jus.br/SCON/jurisprudencia/toc.jsp?processo=68455&&b=ACOR&thesaurus=JURIDICO&p=true>. Acesso em: 31. jul. 2017.

BRASIL. Superior Tribunal de Justiça; Recurso Especial; **RESP 222.246-MG**; Data de publicação: 04.09.2000. Disponível em: <http://www.stj.jus.br/SCON/jurisprudencia/toc.jsp?processo=222246&&b=ACOR&thesaurus=JURIDICO&p=true>. Acesso em: 31. jul. 2017.

BRASIL. Superior Tribunal de Justiça; Recurso Especial; **REsp 883.254-MG**; Data de publicação: 28.02.2008. Disponível em: <http://www.stj.jus.br/SCON/jurisprudencia/toc.jsp?processo=883254&&b=ACOR&thesaurus=JURIDICO&p=true>. Acesso em: 31. jul. 2017.

BRASIL. Superior Tribunal de Justiça; Recurso Especial; **REsp nº 881.035-RS**; Data de publicação: 26.03.2008. Disponível em: <http://www.stj.jus.br/SCON/jurisprudencia/toc.jsp?processo=881035&&b=ACOR&thesaurus=JURIDICO&p=true>. Acesso em: 31. jul. 2017.

BRASIL. Superior Tribunal de Justiça; Recurso Especial; **REsp nº 1.111.234-PR**; Data de publicação: 08.10.2009. Disponível em: <http://www.stj.jus.br/SCON/jurisprudencia/toc.jsp?processo=1111234&&b=ACOR&thesaurus=JURIDICO&p=true>. Acesso em: 31. jul. 2017.

BRASIL. Superior Tribunal de Justiça; Embargos de Declaração no Agravo Regimental no Agravo em Recurso Especial; **EDcl no AgRg no AREsp nº 103.409-RS**; Data de publicação: 18.06.2012. Disponível em: <http://www.stj.jus.br/SCON/jurisprudencia/

toc.jsp?processo=103409&&b=ACOR&thesaurus=JURIDICO&p=true>. Acesso em: 31. jul. 2017.

BRASIL. Superior Tribunal de Justiça; Recurso Especial; **REsp nº 1.060.210/SC**; Data de Publicação: 05.03.2013. Disponível em: < http://www.stj.jus.br/SCON/jurisprudencia/toc.jsp?processo=1060210&repetitivos=REPETITIVOS&&b=ACOR&thesaurus=JURIDICO&p=true>. Acesso em: 28. fev. 2018.

BRASIL. Superior Tribunal de Justiça; Agravo Regimental no Agravo em Recurso Especial; **AgRg no AREsp nº 445.726-RS**; Data de publicação: 24.02.2014. Disponível em: <http://www.stj.jus.br/SCON/jurisprudencia/toc.jsp?processo=445726&&b=ACOR&thesaurus=JURIDICO&p=true>

BRASIL. Superior Tribunal de Justiça. Embargos de Divergência em Recurso Especial; **EREsp 1.403.532-SC**, Rel. Ministro Napoleão Nunes Maia Filho, Rel. p/ Acórdão Ministro Mauro Campbell Marques, Primeira Seção, julgado em 14.10.2015; Data de Publicação: 18.12.2015. Disponível em: <http://www.stj.jus.br/SCON/jurisprudencia/toc.jsp?processo=1403532&repetitivos=REPETITIVOS&&b=ACOR&thesaurus=JURIDICO&p=true>. Acesso em: 06 ago. 2017.

BRASIL. Superior Tribunal de Justiça; Agravo Regimental no Recurso Especial; **AgRg no REsp nº 1.392.811-SP**; Data de publicação: 17.06.2016. Disponível em: <http://www.stj.jus.br/SCON/jurisprudencia/toc.jsp?processo=1392811&&b=ACOR&thesaurus=JURIDICO&p=true>. Acesso em: 31. jul. 2017.

BRASIL. Tribunal Federal de Recursos. Súmula 143, de 22 de novembro de 1983. **Enunciado: Os serviços de composição e impressão gráficas, personalizados, previstos no artigo 8º, par. 1º, do Decreto-Lei nº 406, de 1968, com as alterações introduzidas pelo Decreto-Lei nº 834, de 1969, estão sujeitos apenas ao ISS, não incidindo o IPI**. Brasília, DF, Data de Julgamento: 08.11.1983; Data de Publicação: 22.11.1983. Disponível em: <http://sislex.previdencia.gov.br/paginas/75/TFR/143.htm>. Acesso em: 02. ago. 2017.

ESTADO DE SÃO PAULO. Lei nº 6.374, de 1º de março de 1989. **Dispõe sobre a instituição do ICMS**. São Paulo, SP, 1º mar. 1989. Disponível em: <http://www.al.sp.gov.br/repositorio/legislacao/lei/1989/lei-6374-01.03.1989.html>. Acesso em: 28. jul. 2017.

ESTADO DE SÃO PAULO. Decreto nº 45.490, de 30 de novembro de 2000. **Aprova o Regulamento do Imposto sobre Operações Relativas à Circulação de Mercadorias e sobre Prestações de Serviços de Transporte Interestadual e Intermunicipal e Comunicação – RICMS**. São Paulo, SP, 30 nov. 2000. Disponível em: <http://www.al.sp.gov.br/repositorio/legislacao/decreto/2000/decreto-45490-30.11.2000.html>. Acesso em: 28. jul. 2017.

ESTADO DE SÃO PAULO. SECRETARIA DA FAZENDA DO ESTADO DE SÃO PAULO. Coordenador da Administração Tributária da Secretaria da Fazenda do Estado de São Paulo; Portaria CAT nº 54, de 16 de outubro de 1981; **Dispõe sobre tributação das operações efetuadas pelas indústrias gráficas**; Data de publicação: 17.10.1981. Disponível em: <http://www.bigwine.com.br/norma/portaria-54-1981-sp_165665.html>. Acesso em: 02 ago. 2017.

ESTADO DE SÃO PAULO. Secretaria da Fazenda do Estado de São Paulo. Resposta à Consulta da Consultoria Tributária da Secretaria da Fazenda do Estado de São Paulo nº 732/2010, de 21 de março de 2011. **ICMS – Cartões inteligentes (*Smart cards*) – Cartões que comportam um circuito integrado eletrônico (microprocessador) na forma de uma microplaqueta ("chip") – Produto industrializado – Sua produção e comercialização sujeita-se à incidência do imposto estadual**. São Paulo, SP, 21 mar. 2011. Disponível em: <http://info.fazenda.sp.gov.br/NXT/gateway.dll?f=templates&fn=default.htm&vid=sefaz_tributaria:vtribut>. Acesso em: 31. jul. 2017.

ESTADO DE SÃO PAULO. Secretaria da Fazenda do Estado de São Paulo. Resposta à Consulta Tributária nº 5960, de 11 de dezembro de 2015. **ICMS – Operações internas com "SIM CARDs" (NCM 8523.52.00) – Substituição tributária. I. Considera-se cartão inteligente ("smart card"), aquele que contenha um ou mais circuitos integrados eletrônicos (microprocessador, memória RAM ou ROM), independentemente do uso a que se prestará. II. O produto "SIM CARD", utilizado na telefonia celular, por ser um cartão com chip integrado, trata-se de cartão inteligente ("smart card"). III. É aplicável a substituição tributária, conforme artigo 313-Z19 do RICMS/2000, às operações internas com "SIM CARD" – NCM 8523.52.00, por se tratar de cartão inteligente, que se encontra relacionado no item 47 do § 1º desse dispositivo.** São Paulo, SP, 11 dez. 2015. Disponível em: <http://info.fazenda.sp.gov.br/NXT/gateway.dll/Respostas_CT/icms/RC5960_2015.htm>. Acesso em: 31. jul. 2017.

ESTADO DE SÃO PAULO. Tribunal de Justiça do Estado de São Paulo; Apelação Cível e Reexame Necessário; **Ap. nº 0045831-81.2011.8.26.0068**; Data de publicação: 08.10.2015. Disponível em: <https://esaj.tjsp.jus.br/cjsg/resultadoCompleta.do;jsessionid=6768447F7278C1751152626AB22A1C55.cjsg3>. Acesso em: 1º ago. 2017.

ESTADO DE SÃO PAULO. Tribunal de Justiça do Estado de São Paulo; Apelação Cível; Ap. nº 0029136-97.2011.8.26.0053; Comarca de São Paulo, 7ª Câmara de Direito Público, Rel. Des. Magalhães Coelho. Data do Julgamento: 04.04.2016. Acórdão não disponível. Processo em Segredo de Justiça.

ESTADO DE SÃO PAULO. Tribunal de Impostos e Taxas do Estado de São Paulo (TIT-SP); **Recurso Ordinário; AIIM nº 4.031.673-7**; Data de publicação: 02.04.2015. Disponível em: <https://www.fazenda.sp.gov.br/VDTIT/ConsultarVotos.aspx?instancia=2>. Acesso em: 31. jul. 2017.

ESTADO DE SÃO PAULO. Tribunal de Impostos e Taxas do Estado de São Paulo (TIT-SP); **Recurso Ordinário; AIIM nº 4.034.059-4**; Data de publicação: 17.05.2016. Disponível em: <https://www.fazenda.sp.gov.br/VDTIT/ConsultarVotos.aspx?instancia=2>. Acesso em: 31. jul. 2017.

ESTADO DE SÃO PAULO. Tribunal de Impostos e Taxas do Estado de São Paulo (TIT-SP); **Recurso Ordinário; AIIM nº 4.031.675-0**; Data de publicação: 13.09.2018. Disponível em: <https://www.fazenda.sp.gov.br/VDTIT/ConsultarVotos.aspx?instancia=2>. Acesso em: 24. set. 2018.

MUNICÍPIO DE SÃO PAULO. Lei Municipal nº 13.701, de 24 de dezembro de 2003. **Altera a legislação do Imposto sobre Serviços de Qualquer Natureza – ISS.** São Paulo, SP, 24 dez 2003. Disponível em: <http://legislacao.prefeitura.sp.gov.br/leis/lei-13701-de-24-de-dezembro-de-2003/>. Acesso em: 28. jul. 2017.

MUNICÍPIO DE SÃO PAULO. Decreto Municipal nº 53.151, de 17 de maio de 2012. **Aprova o Regulamento do Imposto Sobre Serviços de Qualquer Natureza – ISS.** São Paulo, SP, 17 mai. 2012. Disponível em: <http://www3.prefeitura.sp.gov.br/cadlem/secretarias/negocios_juridicos/cadlem/integra.asp?alt=18052012d%20531510000>. Acesso em: 28. jul. 2017.

MUNICÍPIO DE SÃO PAULO. Prefeitura do Município de São Paulo. Finanças e Desenvolvimento Econômico. Solução de Consulta SF/DEJUG Nº 1, de 4 de janeiro de 2010. **ISS – Subitem 13.04 da Lista de Serviços da Lei nº 13.701, de 24 de dezembro de 2003. Código de serviço 06912. Incide o ISS na confecção de rótulos e etiquetas que contenham o nome do encomendante e, ainda, que venham a integrar produtos destinados à industrialização ou comercialização.** São Paulo, SP, 4 jan. 2010. Disponível em: <http://www.prefeitura.sp.gov.br/cidade/secretarias/upload/arquivos/secretarias/financas/consultas/SC001-2010.pdf>. Acesso em: 31. jul. 2017.

MUNICÍPIO DE SÃO PAULO. Conselho Municipal de Tributos do Município de São Paulo. Terceira Câmara Julgadora. Recurso Ordinário. **Processo Administrativo n°: 6017.2016/0013246-3.** Conselheiro Relator Dr. Ricardo Scravajar Gouveia. Data de Julgamento: 23.11.2016. Data de publicação: Não consta. Disponível em: <http://www3.prefeitura.sp.gov.br/sf9438_internet/ManterDecisoes/pesquisaDecisoesCMT.aspx>. Acesso em: 1º ago. 2017.

OBRAS COMPLEMENTARES

ATALIBA, Geraldo. **Hipótese de Incidência Tributária.** 6ª ed. 15ª tir. São Paulo: Malheiros Editores, 2014.

BALEEIRO, Aliomar. **Limitações constitucionais ao poder de tributar.** 4ª ed. Rio de Janeiro: Editora Forense, 1974.

BAPTISTA, Marcelo Caron. **ISS do Texto à Norma.** São Paulo: Quartier Latin, 2005.

BARRETO, Aires Fernandino. **Curso de Direito Tributário Municipal.** 2ª ed. São Paulo: Editora Saraiva, 2012.

BOTTALLO, Eduardo Domingos. **IPI – Princípios e Estrutura.** São Paulo: Editora Dialética, 2009.

CARVALHO. Osvaldo Santos de. **Não cumulatividade do ICMS e princípio da neutralidade tributária.** São Paulo: Saraiva, 2013.

CARVALHO, Paulo de Barros. **Direito Tributário – fundamentos jurídicos da incidência.** 2ª ed. São Paulo: Saraiva, 1999.

__________. **Direito Tributário, Linguagem e Método.** 3ª edição. São Paulo: Noeses, 2009.

DINIZ, Maria Helena. **Direito civil brasileiro**: teoria das obrigações contratuais e extracontratuais. São Paulo: Saraiva, 2005. Vol. 3.

LENZA, Pedro. 2006. **Direito Constitucional Esquematizado.** 10. ed. São Paulo: Método, 2006.

LUNARDELLI, Pedro Guilherme Accorsi. **A não-cumulatividade do ICMS – uma aplicação da teoria sobre as regras do Direito e as regras dos jogos.** São Paulo: Quartier Latin, 2009.

MACEDO, José Alberto Oliveira. **ITBI – Aspectos Constitucionais e Infraconstitucionais.** São Paulo: Quartier Latin, 2010.

MARTINS, Ives Gandra da Silva. **Curso de Direito Tributário.** 9ª edição. São Paulo: Saraiva, 2007.

MELO, Fábio Soares de. **ISS. Arrendamento Mercantil (Leasing). Critérios para Definição do Município Competente. Lei Complementar nº 116/03.** *in* Revista Dialética de Direito Tributário nº 102, Março de 2004.

__________. **IPI e ISS. Impossibilidade das Referidas Exigências sobre as Importações de Produtos Industrializados e de Prestações de Serviços.** *In* Direito Tributário. Homenagem a Geraldo Ataliba. Coord. BOTTALLO, Eduardo Domingos. São Paulo: Quartier Latin, 2005.

MENDONÇA, Cristiane. **Competência Tributária**. São Paulo: Quartier Latin, 2004.

TOLEDO, José Eduardo Tellini. **A Guerra Fiscal.com**. ANAN JR., Pedro (coordenador). Planejamento Fiscal – análise de casos. Volume III. São Paulo: Quartier Latin, 2014.

__________. **IPI – incidência tributária e princípios constitucionais**. São Paulo: Quartier Latin, 2006.

ÍNDICE